# Nachhaltiges Wachstum im Mittelstand

Daniel B. Werner • Olof von Lindequist
Anja Sinz • Raphael Herkommer
Helen Kuhnle

# Nachhaltiges Wachstum im Mittelstand

Ein Praxisleitfaden für
Geschäftsführer:innen

Springer Gabler

Daniel B. Werner
CONUFACTUR GmbH
München, Deutschland

Olof von Lindequist
CONUFACTUR GmbH
München, Deutschland

Anja Sinz
CONUFACTUR GmbH
München, Deutschland

Raphael Herkommer
CONUFACTUR GmbH
München, Deutschland

Helen Kuhnle
CONUFACTUR GmbH
München, Deutschland

ISBN 978-3-658-38361-9      ISBN 978-3-658-38362-6 (eBook)
https://doi.org/10.1007/978-3-658-38362-6

Die Deutsche Nationalbibliothek verzeichnet diese Publikation in der Deutschen Nationalbibliografie;
detaillierte bibliografische Daten sind im Internet über http://dnb.d-nb.de abrufbar.

Springer Gabler

Lektorat/Planung: Ann-Kristin Wiegmann
Springer Gabler ist ein Imprint der eingetragenen Gesellschaft Springer Fachmedien Wiesbaden GmbH
und ist ein Teil von Springer Nature.
Die Anschrift der Gesellschaft ist: Abraham-Lincoln-Str. 46, 65189 Wiesbaden, Germany

# Vorwort

## Hintergründe und Idee zu diesem Buch

Beginnen will ich damit, wie außerordentlich freudig wir uns fühlen, dass Sie dieses Buch in den Händen halten. Und das aus verschiedenen Gründen: zum einen, weil wir erfolgreich waren, diese vage Idee eines praxisnahen Ratgebers für Geschäftsführer:innen Wirklichkeit werden zu lassen. Zum anderen, weil wir hoffen, Ihnen damit den einen oder anderen Impuls geben zu können Ihre Fragestellungen aus anderen, lösungsorientierten Perspektiven betrachten zu können. Und das mit zahlreichen konkreten Anleitungen, Checklisten, Modellen und Reflexionsübungen. Unser heimlicher Wunsch wäre es, diese Impulse erst bei Ihnen reifen zu lassen und im zweiten Schritt dann gerne mit Ihrem Führungsteam zu teilen, um in eine offene Diskussion zu gehen.

Wenn ich von „uns" oder „wir" spreche, dann handelt es sich dabei um ein 5-köpfiges Autorenteam, welches im September 2021 gestartet ist, um gemeinsam die relevanten Sichtweisen einer Wachstumsgleichung für Sie zu Papier zu bringen. Alle fünf Mitglieder sind aktiver Teil der CONUFACTUR GmbH, die sich als Unternehmensberatung auf das Thema Wachstum spezialisiert hat. In der täglichen Zusammenarbeit entstand auch die Idee zu diesem Buch: „Lasst uns alle Erfahrungen, Learnings und Impulse für nachhaltiges Wachstum (gesammelt aus 100+

Projekten mit 50+ Kunden seit 2016) zusammentragen und Geschäfts-
führer:innen aus dem Mittelstand möglichst einfach verdaubar zur Verfügung stellen".

Unsere Regeln dabei waren, dass alle Inhalte relevant, strukturiert,
anwendbar und an konkreten Beispielen erklärbar sind. In Summe also
ein möglichst effizienter, praxisnaher Ratgeber für Menschen, die kaum
Zeit für ein ganzes Buch haben, oft nur durchblättern und bei interessan-
ten Impulsen stoppen, um dann max. 5–8 Seiten zu lesen. Aus unserer
Erfahrung exakt die Zielgruppe von Unternehmenslenker:innen. Dazu
fokussiert sich dieses Buch auf den Mittelstand, da dieser a) die Mehrzahl
unserer Kunden ausmacht, b) das Thema nachhaltiges Wachstum die
alles entscheidende Rolle spielt und c) uns sehr oft die gleichen Fragestellungen begegnen, die wir mit diesem Buch adressieren wollen. Unser
Ziel ist es, diesen Menschen konkrete Lösungsansätze an die Hand zu
geben, um möglichst viele Herausforderungen von Wachstumsthemen
erfolgreich begegnen zu können.

Jetzt wünsche ich Ihnen viel Freude mit den Inhalten sowie Erfolg und
konkrete Lösungen für Ihre Herausforderungen. Sollten Sie Anregungen,
Wünsche oder ein anderes Feedback für uns haben, freue ich mich über
Ihre Nachricht an dbw@conufactur.com.

München, Deutschland                                    Daniel B. Werner
                                                        Olof von Lindequist
                                                        Anja Sinz
                                                        Raphael Herkommer
                                                        Helen Kuhnle

# Danksagung

Wenn ein Buch erscheint, so steht immer der Autor oder das Team von Autoren im Vordergrund. Das ist nicht besonders fair, weil es immer vieler Menschen bedarf, die ein solches Projekt überhaupt erst ermöglichen. Das war natürlich auch bei uns der Fall. Und die lieben Menschen, die uns während des Schreibens eine Hilfe gewesen sind, sollen hier nun besondere Erwähnung finden. Wir hoffen, an alle gedacht zu haben.

Zunächst richtet sich mein Dank an den Springer Verlag. Wir freuen uns, Teil der Familie zu sein und bedanken uns für die Unterstützung.

Vielen Dank auch an unsere Lektorin. Es war bestimmt nicht immer einfach. Und was sie daraus gemacht hat, ist einfach phänomenal. Innigen Dank also, liebe Anette Villnow.

Und selbstverständlich geht der Dank auch an unsere Liebsten zuhause – an unsere Partner, Familien & Freunde, die uns die Kraft und die Zeit gegeben haben, uns unserem Buchprojekt widmen zu können. Ohne euch hätten wir das niemals geschafft.

Vielen Dank an alle, – wir wissen das sehr zu schätzen.

# Inhaltsverzeichnis

# 1

# Einleitung
## Was erwartet Sie in diesem Buch?

Daniel B. Werner, Olof von Lindequist, Anja Sinz,
Raphael Herkommer und Helen Kuhnle

---

D. B. Werner (✉)
CONUFACTUR GmbH, München, Deutschland
E-Mail: dbw@conufactur.com

O. von Lindequist (✉)
CONUFACTUR GmbH, München, Deutschland
E-Mail: ol@conufactur.com

A. Sinz (✉)
CONUFACTUR GmbH, München, Deutschland
E-Mail: message@conufactur.com

R. Herkommer (✉)
CONUFACTUR GmbH, München, Deutschland
E-Mail: rh@conufactur.com

H. Kuhnle (✉)
CONUFACTUR GmbH, München, Deutschland
E-Mail: hk@conufactur.com

© Der/die Autor(en), exklusiv lizenziert an Springer Fachmedien Wiesbaden GmbH,
ein Teil von Springer Nature 2022
D. B. Werner et al., *Nachhaltiges Wachstum im Mittelstand*,
https://doi.org/10.1007/978-3-658-38362-6_1

Dieses Buch richtet sich an Geschäftsführer:innen, Führungskräfte und Entscheidungsträger:innen, die es sich zur Mission gemacht haben, das eigene Unternehmen zu nachhaltigem Wachstum zu befähigen. Die Frage des Wie ist dabei keinesfalls trivial. Unternehmen wachsen nicht von selbst – zumindest nicht nachhaltig und Erfolg versprechend. Wie im eigenen Garten ist Wachstum eng mit Veränderung verbunden. Es ist leicht zu beobachten, wie die Kräuter oder Blumen sprießen und aus schnöder Erde ein kleines Biotop mit unterschiedlichen Akteur:innen, Einflüssen, Gefahren und Chancen wird. Ähnlich verhält es sich bei Wachstum in Organisationen. Wachstum wird durch Veränderung entweder begünstigt oder begleitet. Wer also Wachstum will, muss sich der Veränderung stellen.

Die Autor:innen dieses Buches beschäftigen sich seit Jahren mit dieser Frage und begleiten die verschiedensten Unternehmen (darunter vor allem den deutschen Mittelstand) auf deren Wachstumsreise. Als Berater:innen, Trainer:innen, Coaches und Psycholog:innen arbeiten sie partizipativ mit ihren Kund:innen an organisationalem und persönlichem Wachstum. Sie haben ihre Expertise aus über 20 Jahren Beratungstätigkeit gebündelt, Use Cases verglichen, Kund:innen befragt, Best Practices ausgewertet und daraus die Antwort auf die folgende Frage abgeleitet: Welche Faktoren bestimmen organisationales Wachstum? Die Antwort visualisieren sie in Form einer Gleichung, welche gleichzeitig die Grundstruktur für das Ihnen vorliegende Buch bildet (siehe Abb. 1.1).

In der Business-Welt gibt es jede Menge Mantras, die gesundes Unternehmenswachstum nahezu beschwören. Irritierend dabei ist, dass hier meist nur eine ein- maximal zweidimensionale Betrachtung vor-

$$\text{Organisationales Wachstum} = \frac{\text{Geschäftsmodell} + \text{Organisationsstruktur} + \text{Kundenzentrierung}}{\text{Haltung} + \text{Fähigkeiten}}$$

Strategie-Dimension
Kultur-Dimension

**Abb. 1.1**   Unsere Wachstumsgleichung (Growth-Hacking-Formula) © CONUFACTUR 2022. All Rights Reserved

genommen wird und der Gesamtkontext des Unternehmens häufig außer Acht gelassen wird. Mit der CONUFACTUR Wachstumsgleichung® postulieren die Autor:innen, dass gesundes organisationales Wachstum aus insgesamt fünf Faktoren besteht, die sich wiederum in zwei Dimensionen gliedern lassen. Hierbei sprechen sie von der Strategie-Dimension und der Kultur-Dimension.

Ihr Unternehmen hat die besten Chancen zu wachsen, wenn Sie alle Faktoren aus beiden Dimensionen gleichermaßen berücksichtigen. Mit anderen Worten: Strategie benötigt Menschen und die Mitarbeiter:innen benötigen eine Strategie. Nichtsdestotrotz können Sie aus der Gleichung ableiten, dass die Kultur-Dimension eine entscheidendere Rolle auf das Gesamtergebnis hat als die strategische Dimension – Sie formt den Nenner. Damit vertreten die Autor:innen die Ansicht des bekannten Zitats von Peter F. Drucker „Culture eats strategy for breakfast".

Im vorliegenden Buch arbeiten die Autor:innen die einzelnen Faktoren chronologisch ab und beantworten zu diesen die relevantesten Fragestellungen, die Sie sich als Führungskraft stellen sollten. Alle Kapitel sind in sich geschlossen, das birgt für Sie die Möglichkeit, zu den Faktoren zu springen, die für Sie gerade am relevantesten sind oder die Sie am meisten interessieren.

## Geschäftsmodell

Grundlage für optimales Wachstum ist das Geschäftsmodell. Dieses ergibt sich aus der internen und externen Analyse sowie der Zielsetzung. Aus dem Abgleich Ihrer aktuellen Situation mit Ihren Zielen lässt sich der Maßnahmenplan erstellen, der Ihrem Unternehmen das gewünschte Wachstum ermöglicht.

## Organisationsstruktur

Die Organisationsstruktur legt Rollen, Regeln und Verantwortlichkeiten fest. Die Struktur bestimmt vor allem, wie und durch wen die Ziele in Ihrem Unternehmen erreicht werden. Die Organisationsstruktur wird an die wachstumsorientierte Strategie angepasst.

## Kundenzentrierung

Heutzutage reicht es nicht mehr aus, ein gutes Produkt oder einen guten Service zu verkaufen. Der Kunde erwartet ein Kundenerlebnis. Dieses Erlebnis erstreckt sich vom ersten Kontakt bis weit über den Kaufvorgang hinaus und ist entscheidend für den zukünftigen Erfolg Ihres Unternehmens.

## Haltung

Die Haltung und Überzeugungen der Menschen in Ihrem Unternehmen sind ebenso ein großer Bestandteil der kulturellen Dimension und damit entscheidend für den Erfolg der in der Strategie-Dimension festgelegten Maßnahmen. An der Haltung erkennen Sie, wie bereit die Menschen in Ihrem Unternehmen für Veränderung sind und wie Sie dabei helfen können, „alle ins Boot" zu holen.

## Fähigkeiten

Der erste große Bestandteil der kulturellen Dimension sind die Fähigkeiten der Beteiligten in Ihrem Unternehmen. Diese Fähigkeiten definieren, inwiefern Menschen das Wachstum des Unternehmens vorantreiben können. Daher sind entsprechende Fähigkeiten (Skills) essenziell, um Veränderungsmotivation herzustellen, Wachstum zu ermöglichen und Angst sowie Zweifel bezüglich der Veränderung abzubauen.

# Teil I

## Geschäftsmodell

# 2

# Zukunftsfähige Geschäftsmodelle

## Wie Sie zu einem zukunftsfähigen Geschäftsmodell gelangen

Daniel B. Werner

Viele Unternehmensberatungen schreiben sich das Thema Entwicklung von Geschäftsmodellen als Kernkompetenz auf die Fahne. Doch aus meiner Sicht ist vielmehr Realismus gefragt, denn jede:r Mittelstandskund:in mit dem wir bis jetzt gearbeitet haben, hat bereits ein bestehendes Geschäftsmodell. Nicht immer nachhaltig erfolgreich, jedoch insofern belastbar, dass es per Außenwahrnehmung zum Aufbau eines mittelständischen Unternehmens gereicht hat. Sprich Kund:innen konsumieren ein Produkt oder Dienstleistung und bezahlen dafür einen Gegenwert und das über einen längeren Zeitraum.

Doch was genau ist ein Geschäftsmodell? Die genaue Definition lautet: Ein Geschäftsmodell (engl. Business Model) ist eine modellhafte Repräsentation der logischen Zusammenhänge, wie eine Organisation bzw. Unternehmen Mehrwert für Kund:innen erzeugt und einen Ertrag für die Organisation sichern kann [3]. Soweit die simple Theorie bewährter Modelle, die Geschäfte jahrzehntelang möglich gemacht haben.

D. B. Werner (✉)
CONUFACTUR GmbH
München, Deutschland
E-Mail: dbw@conufactur.com

© Der/die Autor(en), exklusiv lizenziert an Springer Fachmedien Wiesbaden GmbH, ein Teil von Springer Nature 2022
D. B. Werner et al., *Nachhaltiges Wachstum im Mittelstand*,
https://doi.org/10.1007/978-3-658-38362-6_2

Dennoch gibt es zahllose Beispiele aus der Wirtschaft, die zeigen, dass manche Unternehmen einfach von der Bildfläche verschwinden oder zumindest einen großen Teil ihres Wettbewerbsvorteils verlieren: Nokia, Grundig, Triumph, Quelle, Schlecker, Karstadt usw. – Haben Sie in diesem Zusammenhang schon mal vom Kodak-Moment gehört? Er ging als einer der größten Fehler in die Wirtschaftsgeschichte ein: Der Moment, als Kodak die Digitalfotografie nicht ernst nahm und keine Bedrohung für das eigene Geschäftsmodell sah [5]. Dabei war es ein Ingenieur aus den eigenen Reihen, der 1975 die Digitalkamera entwickelte. Das Unternehmen beschloss, dem Film treu zu bleiben. Der Rest ist, – wie man so schön sagt, – Geschichte. Diese und ähnlich Entwicklungen machen Unternehmer:innen in allen Branchen Angst.

Daraus entsteht bei meinen Mandant:innen oft eine positiv paranoide Grundhaltung mit sehr ähnlichen Fragen, die ich immer wieder höre:

- Was sind die Entwicklungen heute und wie geht es in der Zukunft weiter?
- Was wird sich ändern? Was nicht?
- Was sind die neuen Ansätze und wie passt da unser Geschäftsmodell überhaupt rein?
- Bleiben uns unsere Kund:innen von heute auch in der Zukunft treu?
- Sind unsere Services oder Produkte auch in Zukunft nachgefragt?

Aus diesen Ängsten entsteht sehr häufig die Frage nach einem stringenten Prozess: Wie komme ich von meinem Status quo heute zu einem zukunftssicheren Geschäftsmodell, welches mich auch über die nächsten 10, 20 oder gar erneuten 100 Jahre trägt, die wir bisher schon erfolgreich unterwegs waren. Es geht also in den Diskussionen seltener um das Entwickeln komplett neuer Geschäftsmodelle, sondern eher um das Anpassen, Justieren und Herausfordern bestehender Mechanismen.

## Ansätze und Grundüberzeugungen

Um Ihr Geschäftsmodell zukunftssicher zu machen und Ihre Unternehmensvision erfolgreich zu verwirklichen, sollten Sie diese Prinzipien vorrangig im Blick behalten:

### 1. Seien Sie bereit zu wachsen

Die meisten Unternehmer:innen wollen wachsen, viele davon können auch mit Ihrem Unternehmen wachsen, doch die Erfahrung aus knapp 300 Wachstumsprojekten zeigt: Es sind nur wenige auch tatsächlich bereit dazu. Denn alle wünschen sich die Annehmlichkeiten der Veränderung beziehungsweise Transformation, nur ohne die dazugehörigen Unannehmlichkeiten.

Gerade nach Krisenzeiten haben Führungskräfte mehr Vertrauen in eine sich stabilisierende Wirtschaft und ein prognostiziertes Wachstum der Verbraucherausgaben. Damit steht Ihnen die Tür offen, sich auf Wachstum statt auf Angst zu konzentrieren. Sie können das starke Fundament nutzen, das Sie z. B. während der Corona Pandemie aufgebaut haben, um Wege zur Optimierung und Verbesserung zu finden.

Achten Sie auch darauf, dass Sie klar und konsequent kommunizieren und mögliche Wachstumspläne, die Sie für das Jahr aufgestellt haben, transparent machen. So haben alle Beteiligten das Gefühl, auf derselben Seite zu stehen, und können sich darauf verlassen, dass das Wachstumsziel erreicht wird.

### 2. Seien Sie aktiv innovativ

Die Bedingungen sind derzeit günstig für Innovationen, also probieren Sie neue Wachstumsstrategien und -taktiken aus. Der Wettbewerb wird in Zukunft nicht zwischen Produkten oder Prozessen stattfinden, sondern zwischen Geschäftsmodellen. Nehmen Sie Airbnb zum Beispiel: das Unternehmen ist die größte Hotelkette, ohne ein einziges Hotel zu besitzen. Oder auch der Klassiker Amazon: der größte Buchhändler ohne eine einzige lokale Buchhandlung. Daher gilt es jeglicher Innovation genügend Raum, aber vor allem auch Bühne zu bieten, um sich optimal zu entfalten.

Es reicht auch nicht, nur bunten, wunderschönen Content zu generieren, vielmehr muss die Kultur in Richtung Innovation geschoben werden. Das geht nur über Aktivität und Ausdauer auf allen Hierarchieebenen und einen längeren Zeitraum, denn Strohfeuer bekommen im Zusammenhang mit Innovation eine ganz neue Bedeutung.

### 3. Werden Sie digital – am besten sofort

Die Pandemie zwang die meisten Unternehmen, sofort auf virtuelle Abläufe umzustellen. Sie zwang sie auch dazu, alles online zu stellen. Die letzten zwei Jahre war diese digitale Umstellung ein Teil des Überlebens. Seitdem erwarten die Menschen jedoch, dass sie mit jedem Unternehmen und jeder Branche virtuell in Kontakt treten können [6].

Daher gab es nie einen besseren Zeitpunkt für die digitale Transformation – oder eine größere Notwendigkeit. Um für Ihre Kund:innen relevant zu bleiben, müssen Sie mit Ihrem digitalen Angebot Schritt halten (und, es ständig anpassen und verbessern). Die gute Nachricht ist, dass Sie wahrscheinlich in der Lage sind, dies zu tun. Laut einem Bericht von Capgemini aus dem Jahr 2020 sind 62 % der Befragten der Meinung, dass sie über die nötige Führung verfügen, um die digitale Transformation voranzutreiben. 2018 waren nur 26 % der Befragten dieser Meinung [1]. Heißt in der Umkehr aber auch Sie sollten sich bei allen Anpassungen des Geschäftsmodells stets fragen: Ist es digital möglich? Verpassen Sie nicht auf diesen Zug zu springen, es wird Sie langfristig vor Ihrem Kodak-Moment bewahren.

Die Vorteile der digitalen Transformation sind die Investition wert. Die Stärkung und Straffung Ihrer digitalen Prozesse steigert die Effizienz in Ihrem Unternehmen, was Ihnen hilft, kostenmäßig wettbewerbsfähig zu sein und Ihren Umsatz zu steigern. Letztlich werden digital ausgerichtete Unternehmen als nachhaltiger und damit höher bewertet als solche, die dies nicht tun. Es ist leicht zu erkennen, warum die Digitalisierung eine Priorität für Sie als Unternehmenslenker:in sein sollte.

**4. Bilden Sie ideale Wachstumsbedingungen für Ihr Team**
Was bringt die genialste Veränderung Ihres Geschäftsmodells, wenn es weder kurzfristig noch langfristig von Ihren Mitarbeiter:innen getragen wird. Es gilt auch auf der Kulturebene die passenden kulturellen Mechanismen zu installieren.

Einige Beispiele dafür sind:

• Akzeptanz vielseitiger Perspektiven gepaart mit einer positiven Debattierkultur, z. B. durch die Einführung von monatlichen Retrospektiven im Team.

- Etablierung von Lösungsorientierung anstatt bekannter Problemfokussierung, z. B. durch die Einführung lösungsorientierter Fragetechniken.
- Förderung einer aktiven Lernkultur, z. B. über die Erarbeitung passender Haltungs- & Führungsgrundsätze.
- Schaffung von Anreizen für die Geschwindigkeit einer Umsetzung, z. B. über ein stringent gelebtes Pareto-Prinzip (oder auch 80/20 Regel) in Entscheidungen.

# Wie Sie ein zukunftssicheres Geschäftsmodell erarbeiten

Bevor wir in konkrete Schritte eintauchen, ist es essenziell, einen Blick auf die zugrunde liegende Forschung zu werfen, die sich auf die engpasskonzentrierte Strategieentwicklung (EKS) nach Mewes zurückführen lässt [4]. Dabei basiert die engpasskonzentrierte Strategie – wie einige andere Konzepte auch – auf dem Ausbau der eigenen Stärken. Der Unterschied liegt darin, dass Organisationen sich nicht nur zwingend auf ihre eigenen Stärken konzentrieren, sondern auf konkrete Bedürfnisse der Kund:innen. Im Idealfall sind dies Zielgruppen, die von ihrer Bedürfnislage und ihrer Größe her genau zum Unternehmen passen. Die Organisation stellt sich folgerichtig bedingungslos auf deren Wünsche ein, auch wenn diese verlangen, uns radikal weiterzuentwickeln. Exakt diese Weiterentwicklung bezieht sich zum größten Teil auf das Weiterentwickeln des aktuellen Geschäftsmodells.

Dabei unterliegt die EKS vier einfachen Grundprinzipien:

1. Konzentration der Ressourcen auf Stärkenpotenziale der Organisation und damit einem konsequenten Abbau möglicher Verzettelungen
2. Fokussierung der Kräfte auf eine engumrissene Zielgruppe
3. Stringenter Gang in die Marktnische
4. Entwicklung einer in die Tiefe gehender Problemlösung und konsequentes Anstreben der Marktführerschaft

Appliziert man das in Richtung Gründerwelt, erkennt man schnell, dass sich auch jedes einzelne Start-up zum Ziel setzt, ein Geschäftsmodell zu entwickeln, das tragfähig ist, einen klaren Kundenfokus abbildet und daraus resultierend möglichst schnelles Wachstum als Ergebnis hat. Dies ist ebenfalls nicht weit weg von der Idee eines bestehenden Unternehmens, ein bereits existierendes Model möglichst attraktiv zu halten und somit langfristig am Markt zu bestehen. Daher geht es bei der Geschäftsmodell-Innovation stets um dieselben Treiber und Inhalte. Dazu gibt es elf definierte Variablen, die klar analysiert, konzipiert, definiert und schlussendlich diszipliniert umgesetzt werden können:

1. Vision
2. Organisation bzw. Team
3. Zielkunden/-gruppe
4. Idee
5. Markt und Wettbewerb
6. Validierung des Marktes
7. Strategie und Positionierung
8. Marketing und Vertrieb
9. Einnahmen
10. Ausgaben
11. Ressourcen

Klarer Vorteil eines erfahrenen mittelständischen Unternehmens in diesem Analyseprozess: Nicht alle Variablen sind neu oder unklar. Einige können übersprungen beziehungsweise „Eins zu Eins" übernommen werden, andere müssen nur leicht angepasst werden. Die Vision sowie die Organisation werden selten neu definiert. Auch die Zielkund:innen der letzten erfolgreichen Jahrzehnte werden in Zukunft mit im Fokus bleiben, eventuell jedoch um neue Gruppen erweitert, aber selten in Gänze ersetzt. Es wäre schlicht nicht effizient, auf die bestehenden Kundenbeziehungen zu verzichten.

Nachdem Grundprinzipien erkannt sowie Erfolgsfaktoren analysiert sind, gibt es zwei empfehlenswerte, konkrete Vorgehensweisen, um klare Indikationen zu erlangen, wohin die Reise des neuen Geschäftsmodells gehen kann. Diese können auch oftmals in kombinierter Form zu einem wertstiftenden Ergebnis führen:

## Vorgehensweise

### 1. Erstellung einer strategischen SWOT

**Ziel:**

Klärung von Stärken/Schwächen (interne Perspektive) und Chancen/Risiken (externe Perspektive) Ihrer Organisation, sowie Kombination der zwei Perspektiven zur Erlangung stringenter Lösungsansätze beziehungsweise Potenzialfelder.

**Ablauf:**

1. Partizipative Erstellung von SWOTs auf Funktionsebene.
2. Konsolidierung zu einer unternehmensweiten SWOT.
3. Kombination der internen (Stärken/Schwächen) und externen (Chancen/ Risiken) Perspektive zur Erarbeitung konkreter Handlungsempfehlungen.
4. Erstellung einer gewichteten Bewertungsmatrix zur Priorisierung der Top 3 Potenzialfelder.
5. Diskussion konkreter Anpassungen des aktuellen Geschäftsmodells zur Realisierung der erarbeiteten Potenzialfelder.

**Konkretes Ergebnis:**

- Priorisierte Potenzialfelder
- Konkrete Anpassungsempfehlungen

### 2. Rekombination und kreative Nachahmung von bestehenden Modellen basierend auf dem St. Galler Business Model Navigator [2]:

**Ziel:**

Neujustierung eines bestehenden Geschäftsmodells durch die Rekombination und kreative Nachahmung bereits identifizierter, tragfähiger Geschäftsmodell-Muster (derzeit ca. 55 bekannte Modelle).

**Ablauf:**

1. Erstellung eines ganzheitlichen Bildes, wie ein Unternehmen konkret Werte schafft: mit Hilfe der Definition des „Wer", „Was", „Wie" und dem greifbaren „Wert" eines Unternehmens.
2. Überwindung der vorherrschenden Firmen- sowie Branchenlogik, z. B. durch die Einbeziehung externer Impulsgeber.
3. Rekombination und kreative Nachahmung möglicher („naher") Modelle, um zu einer naheliegenden Geschäftsmodell-Innovation zu gelangen.
4. Ausgiebige Vertestung möglicher neuer Ansätze mit bestehenden sowie neuen Zielgruppen anhand vorab festgelegter Kriterien.
5. Smartes Change Management: Identifizierung von Blockern und Unterstützern für neue transformative Geschäftsmodell-Innovationen vor der Umsetzung.

**Ergebnis:**

- Validierte Geschäftsmodell-Innovation
- Konkreter Change-Management-Plan

Selbstverständlich gibt es zahlreiche Herausforderungen bei beiden Vorgehensweisen und nicht selten hilft es dabei, externe Unterstützung zu nutzen, zumindest beim ersten Prozessdurchlauf. Vor allem die vorherrschenden Geschäftsmodell-Mythen (wie z. B. der Technologiemythos: „jede Geschäftsmodell-Innovation beruht auf einer faszinierenden neuen Technologie") sind große Barrieren, die viele Unternehmen abhalten, sich viel öfter mit dem Thema auseinanderzusetzen. Meine klare Empfehlung: Gehen Sie in den positiven Diskurs mit Ihrem Leadership Team und stellen Sie sich nicht die Frage: Was ändert sich in den nächsten zehn Jahren? Sondern lieber die Frage: Was ändert sich NICHT in den nächsten zehn Jahren. Es wird Ihnen helfen, Ihr Team auf die fruchtbare Diskussion einzuschwören.

## Literatur

1. Capgemini. (2021). Die Corona-Krise beschleunigt die digitale Transformation. Capgemini Deutschland. [online] https://www.capgemini.com/de-de/news/digital-mastery-corona-krise-beschleunigt-digitale-transformation/ [zugegriffen am 10.03.2022].
2. Gassmann, O.; Frankenberger, K.; Csik, M. (2017). The St. Gallen Business Model Navigator. Wackwork. [online] https://wackwork.de/wp-content/uploads/2017/11/St-Gallen-Business-Model-Innovation-Paper.pdf [zugegriffen am 10.03.2022].
3. Grösser, S. (2018). Geschäftsmodell. Gabler Wirtschaftslexikon. [online] https://wirtschaftslexikon.gabler.de/definition/geschaeftsmodell-52275 [zugegriffen am 10.03.2022].
4. Kläs, A. (2020). Wolfgang Mewes und die Engpasskonzentrierte Strategie (EKS) (Part 1). UnternehmerJournal.de. [online] https://www.unternehmerjournal.de/engpasskonzentrierte-strategie-eks-wolfgang-mewes/ [zugegriffen am 10.03.2022].
5. Michael Page. (2021). Der Kodak-Moment – sechs Dinge, die moderne Führungskräfte daraus lernen können. Michael Page. [online] https://www.michaelpage.de/advice/management-tipps/leadership/der-kodak-moment [zugegriffen am 10.03.2022].
6. Power, R. (2021). What Future-Proofing Your Business Means In 2021. Forbes. [online] https://www.forbes.com/sites/rhettpower/2021/05/09/what-future-proofing-your-business-means-in-2021/?sh=3f3e70185dfd [zugegriffen am 10.03.2022].

# 3

# Strategieüberprüfung
## Wie Sie als Geschäftsführer:in Ihre aktuelle Strategie überprüfen

Daniel B. Werner

Kern einer nachhaltigen Wachstumsstrategie sind ein funktionierendes Geschäftsmodell und eine auf die aktuellen Rahmenbedingungen optimierte, valide Strategie. In Ihrer Position als Geschäftsführer:in wissen Sie es besser als die meisten: Ihre Unternehmensstrategie ist Ihr Herzstück. Eine gute Strategie gibt Orientierung in der gesamten Organisation und fokussiert. Sie ist kein statischer Plan, sondern ein dynamischer Prozess. Sie sind dafür verantwortlich und müssen Klarheit darüber haben, ob sie funktioniert – heute, morgen und für die nächsten Jahre. Leider legen Sie als Unternehmensleiter:in die Strategie nicht nur einmal fest und fahren dann „autonom" zum Ziel. Das Thema des ständigen Anpassens, Überarbeitens und Verbesserns ist stetig eines Ihrer wichtigsten Aktions- und Reflexionsfelder. Hinzu kommt, dass dieser Anpassungsprozess nicht nur durch Sie bestimmt wird, sondern im optimalen Fall als partizipativer Prozess mit Ihren wichtigsten Schlüsselfiguren in der Organisation erarbeitet werden sollte.

D. B. Werner (✉)
CONUFACTUR GmbH
München, Deutschland
E-Mail: dbw@conufactur.com

**15**

Anders als beim Strategie-Monitoring, das operativ in die Umsetzung eingreift, werden bei der Strategieüberprüfung die Voraussetzungen der Strategieerarbeitung kontrolliert und validiert. Auf Basis neuer Konstellationen können sich Anpassungen an der Strategie ergeben. Mindestens einmal alle zwölf Monate sollte die Strategieüberprüfung als fester Meilenstein im Geschäftsjahr eingeführt werden.

Ziel dieses Kapitels ist es, Ihnen hierfür die passenden Fragen an die Hand zu geben sowie einen schlanken Prozess aufzuzeigen, der Ihnen erlaubt, Ihre aktuelle Strategie strukturiert zu überprüfen.

## Warum Sie Ihre Strategie überprüfen sollten

Strategieanpassung ist ein kontinuierlicher Management-Prozess, heute mehr denn je. Dabei gilt vor allem eines: Einmal ist keinmal! Denn die zunehmende Informationsgeschwindigkeit färbt auf alle Märkte und Industrien ab, deshalb haben Strategien eine immer kürzere „Halbwertszeit". Daraus ergibt sich folgerichtig nahezu ein Zwang zur regelmäßigen Überprüfung und Anpassung Ihrer aktuellen Strategie. Dies ist oft die Aufgabe des strategischen Controllings. Selbst wenn es keine dedizierte Funktion in Ihrem Unternehmen gibt, sollte es eine klare verantwortliche Person oder ein (cross-)funktionales Team geben. Die Teammitglieder geben die Antwort auf die Frage, ob die definierte Strategie und die strategischen Ziele noch die richtigen sind. Um diese Aufgabe zu erfüllen, liefert das strategische Controlling in einem definierten, partizipativen Prozess kontinuierlich Informationen zu allen Aspekten der Strategie, insbesondere frühzeitige Indikationen zu möglichen Veränderungen in den Rahmenbedingungen und Anforderungen. Dies ermöglicht eine frühzeitige Überprüfung und gegebenenfalls Anpassung der strategischen Ausrichtung.

Als Ergebnis der Überprüfung erhalten Sie konkrete Antworten auf folgende Fragen:

### 1. Wie robust ist Ihre Strategie?
Ziel muss es sein, mithilfe einer Strategie Ihre Position im Wettbewerb zu verbessern oder zumindest zu verteidigen. Hinzu kommt, dass die Strategie der Organisation hilft, nachhaltig zu wachsen. Robust bedeutet in

diesem Fall auch, dass Sie die aktuellen Rahmenbedingungen hinreichend abgebildet haben und flexibel auf akute Veränderungen vorbereitet sind.

**2. Sind die Stoßrichtungen und Herausforderungen konsistent?**
Definierte Stoßrichtungen sind die konkreten Ergebnisse eines Strategieprozesses, basierend auf den identifizierten Herausforderungen. Deren Überprüfung ergibt den nötigen Konsistenzcheck, um sicherzugehen, dass Sie „on track" sind. Erkennen Sie Lücken, müssen Sie handeln und Anpassungen vornehmen.

**3. Werden die richtigen strategischen Fragen gestellt und beantwortet?**
Eine Antwort kann nur so konkret sein wie die Frage, die gestellt wurde. Daher ist ein elementarer Punkt eines Strategieprozesses, welche Fragen gestellt werden. Weiter unten gebe ich Ihnen daher ein Set an Fragen an die Hand, die Ihnen ermöglichen, konkrete Antworten und damit Datenpunkte für Ihre Entscheidungen zu ermitteln.

**4. Gibt es strategische Lücken?**
Gibt es konkrete Differenzen zwischen der möglichen Entwicklung einer Unternehmung und ihrer Entwicklung bei Beibehaltung der derzeitigen strategischen Ausrichtung? Im Gegensatz zur operativen Lücke kann die strategische Lücke nur mit neuen Produkten, Technologien und/oder Märkten erschlossen werden [1].

**5. Sind Ziele und Maßnahmen schlüssig aufgesetzt?**
Klarheit und Stringenz zwischen sinnvollen Maßnahmen und den aufgesetzten Zielen ist zwangsläufig eine Schlüsselgleichung, die gelöst werden muss, um die richtige strategische Richtung einzuschlagen. Geht die Gleichung nicht auf, entstehen Ineffizienzen und als Ergebnis fehlt Geschwindigkeit in der operativen Umsetzung. Eine Überprüfung der strategischen Annahmen ist dabei der Schlüssel zum Erfolg.

**6. Sind wir schnell genug in der Umsetzung?**
Als Ergebnis zeichnet sich mithilfe der gesetzten Key Performance Indicators (KPIs) die Umsetzungsstärke ab. Dabei geht es vor allem darum, wie schnell neue Ideen umgesetzt, Projekte angestoßen und zum Ab-

schluss bzw. Erfolg gebracht werden. Organisationale Geschwindigkeit ist dabei nicht zu unterschätzen. Die Fähigkeit, neue Ansätze auszuprobieren, zu verwerfen oder auszubauen, gehört in der heutigen Wettbewerbslandschaft zu den absolut wünschenswerten Kernkompetenzen einer mittelständischen Unternehmung.

## Wie Sie Ihre Strategie konkret überprüfen

Anders als bei einem gründlichen Strategieprozess (acht bis zwölf Wochen Dauer) mit ausführlicher Analysephase, Partizipation aller Führungsebenen und Erstellung eines detaillierten Zielsystems liegt der Charakter einer Strategieüberprüfung im flexiblen, kurzfristigen Vorgehen (zwei bis vier Wochen). Je nachdem, wie groß Ihre Organisation ist, gibt es verschiedene Herangehensweisen und Zeithorizonte für diesen Prozess. Grundsätzlich empfiehlt es sich, einem dreiphasigen Prozess zu folgen: Vorbereitung, Überprüfung und Umsetzung (siehe Abb. 3.1).

**Phase 1: Vorbereitungsphase**
Zu Beginn der Strategieüberprüfung definieren Sie die Gruppe an Teilnehmer:innen sowie einen klaren Prozessverantwortlichen. Je nach Organisationsgröße kann das Prozessteam auch aus zwei bis drei Perso-

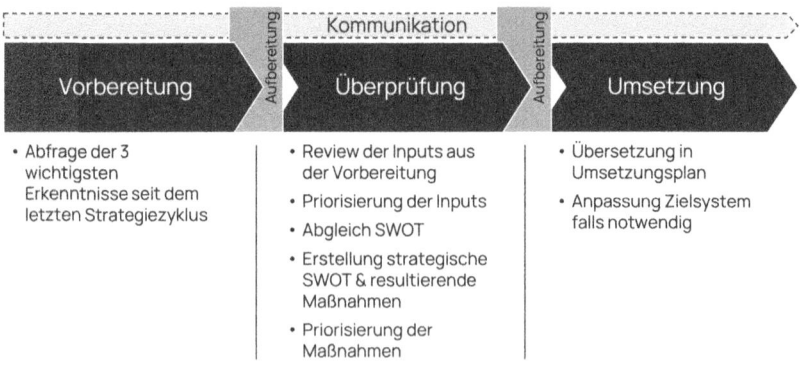

**Abb. 3.1** Ablauf der Strategieüberprüfung © CONUFACTUR 2022. All Rights Reserved

nen bestehen. Im Kreis der Teilnehmer:innen sollten sich alle Schlüssel-
positionen Ihrer Unternehmung sowie Führungsteams abbilden. Ebenfalls wichtig sind alle Verantwortlichen, die direkten Kundenkontakt
(verschiedene Kundengruppen) sowie Berührung mit allen Trendthemen
Ihrer Industrie haben (Marktforschung).

Als Nächstes definieren Sie den gewünschten groben Zeitrahmen für
die Übung sowie die Art und Qualität der Ergebnisse. Diese sollten
SMART (spezifisch, messbar, attraktiv, realistisch und terminiert) definiert sein, um eine klare Erwartungshaltung vorzugeben.

Sobald die prozessualen Rahmenbedingungen geklärt sind, müssen
alle Teilnehmer:innen ihre Erkenntnisse und Erfahrungen aus dem Markt
oder bei Kund:innen, seit dem letzten Strategiezyklus, festhalten. Eine
konkrete Frage, die alle Teilnehmer:innen vorab beantworten müssen,
lautet z. B.: Was sind Ihre drei wichtigsten Erkenntnisse seit dem letzten
Strategie-Update?

Ich empfehle, hierfür direkt ein digitales Workshop Tool wie z. B. Miro[1]
zu verwenden. Es erleichtert die Weiterverarbeitung in der Überprüfungs-
phase, ermöglicht eine zeitgleiche Bearbeitung und dient als Inspiration
für die Teilnehmer:innen, die zum ersten Mal einen Prozess dieser Art
durchlaufen.

Im nächsten Schritt werden die Ergebnisse aus der Vorbereitung durch
die Prozessverantwortlichen aufbereitet, kategorisiert und eventuell ge-
clustert. Dies dient nicht zur Veränderung einzelner Inputs, sondern rein
der Vereinfachung und Vorbereitung für den/die Workshop(s) in der
zweiten Phase.

**Phase 2: Strategieüberprüfung**
Die zweite Phase besteht in den allermeisten Fällen aus einem Workshop-
Tag. Mehr als zwei Tage sind aus meiner persönlichen Erfahrung sehr
großzügig angesetzt. Die Agenda für den im besten Fall moderierten Tag
beinhaltet die folgenden Tagesordnungspunkte:

---

[1] https://miro.com/.

1. Review der Inputs aus der Vorbereitung: Diskussion
2. Priorisierung der relevanten Themen mit Strategie-Impact: Überarbeitung der strategischen Annahmen
3. Überarbeitung der Unternehmens-SWOT: Fähigkeiten-Abgleich der Organisation
4. Überarbeitung der strategischen SWOT: Definition und Priorisierung der relevanten Maßnahmen
5. Abstimmung und Definition der Projektverantwortlichen in der Umsetzungsphase

Im nächsten Schritt werden die Ergebnisse aus der Überprüfung erneut durch die Prozessverantwortlichen aufbereitet sowie mit den vordefinierten Projektverantwortlichen abgestimmt.

**Phase 3: Umsetzung**

In der Umsetzungsphase übersetzen die Projektverantwortlichen mit dem Team der Prozessverantwortlichen die priorisierten Maßnahmen in einen konkreten Umsetzungsplan. Wichtig dabei ist neben den üblichen Projektmanagementrichtlinien, die ich hier nicht gesondert aufführen möchte, dass eine Anpassung des bestehenden Zielsystems möglich, aber nicht zwingend ist. Das hängt stark von der Stärke der Anpassung der Strategie bzw. der Anzahl und Stärke der Veränderungen der Rahmenbedingungen ab.

Die unternehmensweite Vision, Mission sowie Werte werden im Rahmen einer Strategieüberprüfung zumeist nicht verändert oder angepasst.

Ich möchte noch dringend darauf hinweisen, dass eine von Anfang an strukturierte und effektive Kommunikation gewährleistet werden muss, um Missverständnissen und jeglichen Veränderungswiderständen vorzubeugen. Diese Funktion ist ebenfalls im Prozessteam zu verankern.

Zum Abschluss des Kapitels stelle ich Ihnen nun, als ganz konkretes Tool, meinen persönlichen Zehn-Fragen-Guide für die Überprüfung einer Strategie vor. Wenn Sie sich während des Prozesses an diesen Fragen entlanghangeln und konkrete Antworten mit Ihrem Team finden, ist die Wahrscheinlichkeit, dass Sie etwas übersehen, maximal reduziert. Viel Erfolg damit!

**Der Zehn-Fragen-Guide für die Überprüfung Ihrer Strategie**

1. Welchen neuen Herausforderungen müssen wir uns stellen?
   a. Haben sich Prämissen geändert?
   b. Gibt es einen aktualisierten Status quo?
2. Was ist der richtige strategische Zeithorizont und wie weit blicken wir in die Zukunft?
3. Gibt es neue Strategietreiber, die unser Handeln beeinflussen, und was ist die daraus resultierende strategische Richtung?
4. Was ist die konkrete Grundlage für unseren aktuellen Erfolg und bleibt es ein langfristiger Wettbewerbsvorteil?
5. Welche Produkte und Märkte haben die größten Potenziale und erfordern die höchsten Investitionen?
6. Welche Schlüsselfähigkeiten benötigt unsere Organisation, um den Wettbewerbsvorteil zu erhalten/auszubauen?
7. Welche Ziele und Ergebnisse streben wir an? Womit messen und vergleichen wir diese?
8. Welche relevanten Barrieren stehen der Umsetzung im Weg?
9. Welches Bild der Zukunft eint uns, was macht uns als Organisation aus? Vision/Mission/Werte/Verhalten/Haltung
10. Welche Mechanismen bauen wir ein, um auf dem richtigen Weg zu bleiben?

Für den Erfolg eines Strategieprozesses ist es wichtig, dass alle Beteiligten die notwendigen Anpassungen und Veränderungen nachvollziehen und mittragen können.

# Literatur

1. Kirchgeorg, M. (2018). Stichwort: Strategische Lücke. In: Springer Gabler Verlag (Hrsg.). Gabler Wirtschaftslexikon. [online] https://wirtschafts-lexikon.gabler.de/definition/strategische-luecke-45058/version-268358 [zugegriffen am 19.09.2021].

# 4

# Partizipative Strategieentwicklung leicht gemacht

## Wie Sie gemeinsam mit Ihren Führungskräften eine Unternehmensstrategie entwickeln

Anja Sinz

Partizipative und kontinuierliche Strategie-Reviews sind der Schlüssel zu nachhaltigem Unternehmenserfolg und der vermeintlich größte Wachstumshebel, den Sie bedienen können. Im folgenden Kapitel widme ich mich der Frage, wie Sie als Geschäftsführer:in die Neuausrichtung und Anpassung Ihrer strategischen Stoßrichtungen gemeinschaftlich mit Ihrem Managementkreis entwickeln können. Wer eine solche Diskussion bereits moderiert hat, weiß, dass das gewünschte unternehmerische Denken und sogenannte „growth mindset" der Beteiligten häufig von emotionalen Argumenten, verdeckten Machtkämpfen und anderweitigen Befindlichkeiten überschattet werden. Umso wichtiger ist ein durchdachtes, strukturiertes und logisches Vorgehen. Die Erfahrung aus zahlreichen Strategie-Workshops ist im Folgenden zusammengefasst und in Form eines Fünf-Schritte-Plans inklusive konkreter Methoden niedergeschrieben. Nehmen Sie diesen gerne als Hilfestellung für Ihre eigenen strategischen Bemühungen.

---

A. Sinz (✉)
CONUFACTUR GmbH
München, Deutschland
E-Mail: message@conufactur.com

© Der/die Autor(en), exklusiv lizenziert an Springer Fachmedien Wiesbaden GmbH, ein Teil von Springer Nature 2022
D. B. Werner et al., *Nachhaltiges Wachstum im Mittelstand*,
https://doi.org/10.1007/978-3-658-38362-6_4

**23**

# Wieso partizipative Strategieentwicklung

Ich möchte an dieser Stelle auf die klassischen Einleitungsfloskeln wie „In Zeiten der Globalisierung und des ständigen Wandels" oder „In der heutigen VUCA-Welt" verzichten. Stattdessen komme ich direkt zur Kernaussage: Unternehmer:innen und Business-Modelle müssen flexibel sein, um nachhaltig erfolgreich zu bleiben. Strategische Neuausrichtungen, zumindest aber Anpassungen des bestehenden Business-Modells gehören zur Kernkompetenz jedes Unternehmers und jeder Unternehmerin und erfolgen heutzutage in immer kürzeren Zeitabständen. Start-ups kennen diesen Prozess unter dem Namen „Pivoting" besonders gut. Ein Pivot bedeutet die Richtung eines Unternehmens grundlegend zu ändern, sobald die aktuellen Produkte oder Dienstleistungen nicht mehr den Bedürfnissen des Marktes entsprechen. Um fair zu bleiben, haben es Start-ups aufgrund ihrer Größe hier auch meist leichter und können eine solche 180-Grad-Wende schneller und unpolitischer durchführen. Nichtsdestotrotz können sich viele Mittelständler etwas von diesem Mindset abschauen. Seien Sie ehrlich: Sind Sie selbst vollumfänglich davon überzeugt, dass Ihr Produkt oder Ihre Dienstleistung Ihre Kund:innen begeistert und auch noch in Zukunft begeistern wird? Ziehen Sie proaktiv Nutzen aus den Marktgeschehnissen, der Wettbewerbslandschaft, dem gesellschaftlichen Wertewandel und der Digitalisierung oder reagieren Sie „lediglich" darauf? Vielleicht werden Sie nicht zum Innovationsvorbild in Ihrer Branche und womöglich müssen Sie auch nicht Ihrem bisherigen Kerngeschäft den Rücken kehren – mit absoluter Sicherheit benötigt es jedoch regelmäßige Strategiearbeit.

Damit klärt sich noch nicht die Frage, wieso Sie hier Ihren Managementkreis miteinbeziehen sollten. Egal ob Neuausrichtung oder lediglich geringfügige Anpassung, strategische Veränderung bringt zwangsläufig eine Transformation mit sich. Und für diese wollen Sie im Idealfall möglichst viele Verbündete in Ihren eigenen Reihen haben. Denn je mehr Mitarbeiter:innen Sie in diesen Prozess mit einbeziehen, umso höher ist das jeweilige Commitment und umso geringer die Wahrscheinlichkeit von Widerständen. Das erreichen Sie nur in den allerwenigsten Fällen mit einem Top-down-Vorgehen. Darüber hinaus sollten relevante Entscheidungen wie diese das Expertenwissen aus verschiedenen Abteilungen heranziehen/mitberücksichtigen.

Deshalb lautet die klare Empfehlung: Entwickeln Sie strategische Stoß-richtungen partizipativ mit Ihrem gesamten Managementkreis und über-prüfen Sie diese regelmäßig (siehe hierzu Kap. 3 Strategieüberprüfung).

## Die Schwierigkeit der Partizipation

Unternehmerisches Handeln und ein strategisches Mindset sind keine Fähigkeiten, die in den breiten Führungsebenen des deutschen Mittel-stands zwingend vorausgesetzt werden dürfen. Je nach Studienhinter-grund, Erfahrung und vorgelebter Kultur sind Bereichsleiter:innen häufig mit strategischen Unternehmensfragen, hypothesengetriebenem Arbeiten und strukturierter Datenanalyse schlichtweg überfordert. Zu Recht hegen viele Geschäftsführer:innen deshalb Zweifel, ob sie diese Entscheidung zur Diskussion stellen und in den Verantwortungsbereich ihres Managementkreises legen sollten. Denn eines ist auch klar: Sollten Sie sich auf den Prozess einlassen und Mitbestimmung ankündigen, können oder sollten Sie währenddessen keinen Rückzieher machen. Das ist mit einem gewissen Risiko verbunden, welches sich jedoch mit einem durch-dachten Konzept minimieren lässt. Darüber hinaus ist eine gemeinschaft-liche Entscheidung über die strategische Unternehmensausrichtung deut-lich zeitintensiver als eine Top-down-Entscheidung. Doch nur auf den ersten Blick. Zwar verkürzt sich die Zeit der Entscheidungsfindung, diese investieren Sie im Nachgang jedoch mit großer Sicherheit in unterschied-lich angelegte Kommunikationsaufgaben und Überzeugungsarbeiten.

## Das Konzept zur partizipativen Strategieentwicklung

### Schritt 1: Ein strategisches Ziel festlegen

Geben Sie ein klares Ziel vor. Hier können Sie sich gerne auch frei ma-chen von der Partizipation und eine Entscheidung im Geschäftsführer-kreis treffen. Wo liegt Ihr Fokus? Verfolgen Sie ein Finanzziel, wie zum Beispiel eine konkrete EBIT-Marge? Geht es Ihnen um Gewinn-maximierung durch Stärkung der Eigenkapitalrentabilität oder wollen Sie stattdessen einen bestimmten Marktanteil erreichen? Setzen Sie Ihre

Energie in die nachhaltige Steigerung des Unternehmenswertes oder wollen Sie neue Kundengruppen gewinnen? Vielleicht fokussieren Sie sich auch auf ökologische Ziele, indem Sie Ihre $CO_2$-Emissionen verringern, oder auf soziale Ziele wie die Sicherstellung von Arbeitsplätzen. Die Liste an möglichen strategischen Unternehmenszielen lässt sich vermutlich unendlich weiterführen. Wichtig ist, dass Sie sich über Ihr Ziel absolut im Klaren sind und dieses zu Beginn eines jeden Strategieprozesses kommunizieren und begründen können. Achten Sie dabei auf die SMART-Zielformulierung. Kommunizieren Sie also ein Ziel, das spezifisch, messbar, attraktiv, realistisch und terminiert ist. Aus „Kundenzufriedenheit verbessern" wird so zum Beispiel „die Kundenzufriedenheit von Bestandskunden bis Ende des Geschäftsjahres 2025 von 6/10 auf 8/10 zu steigern, um mehr Aufträge durch Empfehlungsmarketing zu erhalten". Nur dann verhindern Sie Interpretationsmissverständnisse und geben eine klare Marschrichtung vor. Es bedarf keiner weiteren Erklärung, dass der Erfolg Ihres Unternehmens und des Strategieprozesses maßgeblich von der Zielformulierung abhängen. Sollten Sie sich in diesem Bereich unsicher fühlen, holen Sie sich in jedem Fall externe Unterstützung.

**Schritt 2: Die notwendigen Fähigkeiten schulen**
Wie oben bereits beschrieben, sind fehlende Fähigkeiten und die wenigen Möglichkeiten, strategisches Arbeiten wirklich zu üben, die maßgeblichen Treiber aus der Komfortzone. Diese Unsicherheit ist vollkommen berechtigt. Nicht jede:r hatte die Möglichkeit, strategische Tools im Studium zu lernen und danach auch anwenden zu können. Aus diesem Grund sollte die erste Bemühung der Schulung strategischer Fähigkeiten gelten. Schaffen Sie eine Übungsmöglichkeit in Form eines Strategietrainings. Strategien zu entwickeln, erfordert in erster Linie Fähigkeiten und Wissen über Modelle und Denkweise der Logik. Ihr Team sollte vertraut sein mit dem 1x1 der Beratertools. Hierzu gehört zum Beispiel das Prinzip des hypothesengetriebenen Arbeitens, MECE oder die Pyramiden-Logik. Es gehören aber auch konkret anwendbare Modelle dazu, wie die SWOT-Analyse, die BCG-Matrix, eine Stakeholder-Analyse oder eine Kundenwertmessung. Diese geben die richtigen Impulse für wichtige strategische Fragestellungen. Bearbeiten Sie im Training selbst idealerweise einen relevanten Use Case, der Ihrem eigenen Geschäftsmodell möglichst nah ist. Damit geben Sie Ihren Führungskräften und

sich selbst die Möglichkeit, die zuvor erlernten Modelle und Techniken zu üben und dem strategischen Arbeiten damit einen wichtigen Schritt näher zu kommen.

**Schritt 3: Das bestehende Geschäftsmodell analysieren**
Um die richtigen strategischen Stoßrichtungen zu definieren, braucht es eine valide und breit angelegte Ist-Analyse Ihres bisherigen Geschäftsmodells. Gerade in diesem Punkt ist die Mithilfe Ihres Managementkreises essenziell. Fordern Sie Ihre Bereichsleiter:innen dazu auf, eine strategische SWOT-Analyse für ihre jeweilige Abteilung wie auch für das Gesamtunternehmen zu erstellen. Legen Sie diese Analysen übereinander und reflektieren Sie in einem gemeinsamen Workshop die Überschneidungspunkte und offenen Fragen. Was macht Ihren Unternehmenserfolg aus? Wo schneiden Sie im Vergleich zum Wettbewerb schlecht ab? Was sind potenzielle Chancen und welche externen Risiken werden auf Sie zukommen? Je nachdem, wie häufig Ihr Team bereits eine SWOT-Analyse durchgeführt hat, kann hier die Unterstützung durch eine dritte Person notwendig sein. Geben Sie sich nicht mit oberflächlichen und allgemeingültigen Aussagen zufrieden, wie z. B. „Wir sind flexibel", „Wir arbeiten qualitativ hochwertig" oder „Wir haben ein engagiertes Team".

**Schritt 4: Strategische Stoßrichtungen entwickeln und auswählen**
An diesem Punkt haben Sie alle notwendigen Vorkehrungen für den eigentlichen partizipativen Strategie-Workshop getroffen. Versammeln Sie alle Beteiligten an einem Tisch, idealerweise fernab von Ihrem gewohnten Umfeld. Ein räumlicher Wechsel erleichtert es uns, aus gewohnten Rollen und Denkweisen auszubrechen und aktiviert häufig einen Perspektivwechsel. Überlegen Sie sich also gut, in welchem Umfeld Sie arbeiten und diskutieren möchten. Formulieren Sie außerdem klare Erwartungen und Regeln für den Workshop-Tag. Hierzu gehören neben Proaktivität ebenso ausnahmslose Transparenz, Kollegialität und die Offenheit gegenüber neuen Ideen und Denkweisen. Erinnern Sie Ihre Führungskräfte an deren Verantwortung und betonen Sie das Vertrauen, das Sie in jeden Einzelnen haben. Idealerweise lassen Sie den Workshop von einem:r erfahrenen Moderator:in begleiten. So gehen Sie einem Rollenkonflikt aus dem Weg und können sich selbst ganz auf die inhaltliche Diskussion konzentrieren.

Zeigen Sie zu Beginn die gesammelten und ausgewerteten Ergebnisse aus den SWOT-Analysen und skizzieren Sie damit den Ausgangspunkt Ihrer strategischen Arbeit (Wo starten wir?). Verdeutlichen und begründen Sie anschließend nochmals Ihre Zielsetzung (Wo wollen wir hin?). Die sich daraus ergebende Frage „Wie kommen wir dorthin?" schafft Ihnen die ideale Überleitung zum hypothesengetriebenen Arbeiten. Sammeln Sie in einer gemeinsamen Brainstorming-Phase mögliche Hypothesen, die Sie und Ihr Team zum Ziel führen könnten. Ihre Hypothesen sollten den potenziellen strategischen Stoßrichtungen entsprechen. Ein Beispiel: „Durch die Diversifikation unseres Produktportfolios verschaffen wir uns einen rentablen Wettbewerbsvorteil und steigern unseren Umsatz." Denken Sie dabei möglichst breit und aus vielen verschiedenen Perspektiven. Nutzen Sie ebenso die Methoden und Tools, welche Sie im vorangehenden Training vermittelt haben.

Wichtig dabei ist zu beachten, dass es im ersten Schritt lediglich darum geht, die Hypothesen zu generieren. Mit hoher Wahrscheinlichkeit tendieren Ihre Führungskräfte und vielleicht auch Sie selbst dazu, die Hypothesen direkt bewerten zu wollen. Das gilt es, aktiv zu unterbinden. Nutzen Sie die Kreativität und die Offenheit, die in einem solchen Brainstorming entstehen, und motivieren Sie Ihre Führungskräfte dazu, über den Tellerrand zu blicken und innovative, vielleicht sogar verrückt klingende Ideen zu äußern.

Die gesammelten Hypothesen werden im Nachgang mit den entsprechenden Daten geprüft und damit entweder verifiziert oder falsifiziert. Das geschieht allerdings nicht willkürlich, sondern mit einem datengetriebenen „Deep Dive". Sie suchen also nach passenden Studien, Befragungen, Wettbewerbsbeispielen oder internen Datenpunkten, die für die Bewertung Ihrer Hypothesen relevant sein könnten. Konkret bedeutet das, dass Hypothesen lediglich dann verworfen werden, wenn die vorliegenden Daten dies rechtfertigen. Gleiches gilt andersherum. Strategische Stoßrichtungen werden nur dann umgesetzt, wenn es genügend Datenpunkte gibt, die das Vorhaben als vielversprechend belegen. Das mag logisch klingen, ist in der Realität oftmals jedoch nicht der Fall. Viel zu häufig werden unternehmerische Entscheidungen nicht daten-, sondern emotionsgetrieben getroffen. Dieser Daten-Deep-Dive erfordert Zeit und auch die entsprechenden Datenquellen. Es empfiehlt sich also, für das Überprüfen der einzelnen Hypothesen kleine Projektteams zu bilden. Unter Umständen kann es notwendig sein, bestimmte Daten, wie zum Beispiel Markt- oder Trendanalysen, extern einzukaufen. Einzelne Personen oder Abteilungen werden ebenfalls damit konfrontiert sein, die gewünschten Daten zu sammeln und aufzubereiten. In Summe gilt: Sammeln Sie möglichst viele Daten aus möglichst vielen Quellen, und lassen Sie sich nicht verunsichern, wenn Sie nicht alles im Detail belegen können – das ist völlig normal.

Sie sind nun imstande, Ihre Hypothesen zu belegen, und stehen im nächsten Schritt vor der Entscheidung, welche der möglichen strategischen Stoßrichtungen Sie nun tatsächlich umsetzen. Bei dieser Entscheidung kann Ihnen eine Entscheidungsmatrix helfen. Definieren Sie gemeinsam Kriterien, die für die strategische Entscheidung von Wichtigkeit sind, und gewichten Sie diese prozentual auf 100 % (siehe Tab. 4.1). Bewerten Sie anschließend gemeinsam jede Stoßrichtung auf den Kriterien, indem Sie Zahlen zwischen 1 und 10 vergeben, und dann erhalten Sie eine strukturierte und klare Entscheidung. Die Fragen und Diskussionen, die sich während dieses Prozesses ergeben, sind mühsam, aber von großer Bedeutung.

**Schritt 5: Konkrete Maßnahmen ableiten und regelmäßig überprüfen**
Sie haben sich nun gemeinsam mit Ihren Führungskräften auf strategische Stoßrichtungen verständigt und damit den wohl schwierigsten Part hinter sich. Nun geht es an die Umsetzung dieser Entscheidungen. Wie konkret gehen Sie nun also die geplanten strategischen Allianzen mit innovativen Start-ups ein? Wir sprechen von konkretem Projektmanagement, bei dem sich Ihr Managementkreis wieder der eigenen Komfortzone annähern dürfte. Ich empfehle Ihnen hier, einen Projektsteckbrief aufzusetzen. Dieser sollte mindestens das Projektziel und gerne auch Nicht-Ziele sowie den Projektnutzen enthalten. Ebenso gilt es, den Projektverantwortlichen inklusive Projektteam festzulegen, eine genaue Auflistung der notwendigen Ressourcen und Fähigkeiten durchzuführen, einen Meilensteinplan aufzusetzen und natürlich eine exakte Deadline zu bestimmen. Verständigen Sie sich auf ein klares Vorgehen und einen Kommunikationsplan und überprüfen Sie regelmäßig den Fortschritt Ihrer strategischen Maßnahmen.

Mit dem oben skizzierten Fünf-Schritte-Plan steht Ihrer partizipativen Strategieentwicklung nichts mehr im Weg. Trauen Sie sich, Ihr Management-Team mit ins Boot zu holen, und fördern und fordern Sie damit unternehmerische Verantwortung in Ihrem Unternehmen.

**Beispiel**

**Tab. 4.1** Beispiel einer Entscheidungsmatrix

Ziel: Umsatzwachstum von 100 % bis Ende 2027

| | Kriterien | | | | | Bewertung |
|---|---|---|---|---|---|---|
| | Umsatz-potenzial | Kosten (geringe Kosten = hoher Wert) | Umsetzbarkeit (Fähigkeiten, Ressourcen) | Zeit bis zum ersten verdienten € | Erhöhung Marken-bekanntheit | |
| **Gewichtung in %** | 30 | 10 | 20 | 20 | 20 | |
| Internationalisierung des Einkaufs verschafft Wettbewerbsvorteil durch Preisführerschaft | 10 | 4 | 7 | 7 | 2 | 660 |
| Erhöhung der Produktlaunch-Zyklen durch strategische Allianzen mit innovativen Start-ups | 8 | 7 | 5 | 7 | 6 | **670** |
| Zusätzliche Umsatzpotenziale durch Einführung bestehender Produkte in neue geografische Märkte | 7 | 2 | 4 | 5 | 8 | 570 |

# Teil II

## Organisationsstruktur

# 5

# Effektive Teams
## Wie Sie performante Teams (entlang sechs wirksamer Parameter) bauen

Daniel B. Werner

Die perfekten Teams zusammenzustellen, ist eine der wesentlichsten und zugleich herausforderndsten Aufgaben für Geschäftsführer:innen und Führungskräfte. Das Finden von einzelnen Top-Performern ist dabei nicht ausreichend. Diese Personen könnten alleine niemals das schaffen, was ein performantes Team auf die Beine stellt. Beispiele hierfür gibt es zuhauf aus dem Sport, aber auch im Berufsleben. Selten ist ein einzelner High Performer dafür zuständig, dass große Projekte gewonnen, Transformationsthemen umgesetzt oder bahnbrechende Innovationen entwickelt werden.

Meine Wahrnehmung ist, dass sich jede Führungskraft irgendwann die folgende Frage stellt: Wie baue ich das perfekte Team? Oft genug wird es sogar als Kunst bezeichnet, für die richtigen Positionen sogenannte Leistungsträger zu identifizieren, zu entwickeln und zu halten. Die Komplexität und Anzahl an Variablen bei dieser Aufgabe sind so hoch, dass Führungskräfte oft verzweifeln und als Resultat nicht erfolgreich sind.

D. B. Werner (✉)
CONUFACTUR GmbH
München, Deutschland
E-Mail: dbw@conufactur.com

© Der/die Autor(en), exklusiv lizenziert an Springer Fachmedien Wiesbaden GmbH, ein Teil von Springer Nature 2022
D. B. Werner et al., *Nachhaltiges Wachstum im Mittelstand*,
https://doi.org/10.1007/978-3-658-38362-6_5

Tatsache ist, dass ein gut ausgesuchtes Team, auch mit weniger Ressourcen, die gesteckten Ziele optimal erreichen kann. Und das ist ein klarer Wettbewerbsvorteil, von dem Sie als Geschäftsführer:in definitiv profitieren sollten.

## Die sechs Hebel für High Performance Teams

Welche Faktoren gilt es also zu berücksichtigen, um dem Ziel des perfekten Teams oder auch „High Performance Teams" näher zu kommen? Über die Jahre konnte ich dieses Thema aus einer Vielzahl an Perspektiven untersuchen. Herausgekommen sind dabei sechs Hebel, die Sie als Führungskraft aktiv beeinflussen können, wenn Sie ein solches High Performance Team zusammenführen möchten. Diese werde ich Ihnen nachfolgend im Detail erläutern.

Vorausschicken möchte ich allerdings einen wichtigen übergeordneten Punkt, auch gerne als positive Rahmenbedingungen bezeichnet. Die einzige Möglichkeit, wie menschliche Fähigkeiten wirklich gedeihen können, ist eine Atmosphäre, die frei von Angst ist [2].

Für eine performante und kreative Organisation spielen folgende Faktoren in der Führung der Organisation, also für Sie als Geschäftsführer:in, eine zentrale Rolle.

Konkret sollten Sie:

• Voraussetzungen schaffen, in denen der Arbeit ein Bezugsrahmen gegeben und die Sinnausrichtung betont wird.
• Die Mitarbeitenden einladen, sich zu äußern und zu beteiligen. Dazu sollten alle Führungskräfte ein proaktives Nachforschen praktizieren und förderliche Strukturen/Prozesse einführen.
• Kontinuierliches Lernen als Orientierung etablieren. Dies gelingt durch das Ausdrücken von Wertschätzung und das Befreien des Scheiterns vom Stigma.

Schauen wir uns die genannten Hebel für High Performance Teams nun aus Ihrer Perspektive an. Tatsächlich ergeben sich für Sie die folgenden fünf Erfolgs- bzw. Einflussfaktoren:

## 1. Bedeutung von Vision & Mission

Die Definition von Vision & Mission ist kein neues Thema und gilt in 90 % aller Managementbücher als wichtiger Faktor für den Erfolg einer Unternehmung. Ich möchte hier kurz erklären, warum es gerade für die Leistungsträger, die zumeist ein performantes Team ausmachen, ein sehr wichtiger Einflussfaktor ist.

Zuerst sollten Sie sicherstellen, dass Ihre besten Mitarbeiter:innen in irgendeiner Weise bei der Erarbeitung involviert sind. Diese partizipative Herangehensweise schafft Kontext, Bedeutung, Motivation und Buy-in, welchen Sie vor allem bei schwierigen Projekten nicht missen wollen.

Das Nachhalten von Vision & Mission, die daraus konkret formulierten Ziele (Unternehmens-, Abteilungs- und Mitarbeiterziele) sowie diese verständlich zu machen sind Aufgaben der Geschäftsführer:in. Die Bedeutung muss im Kontext der Unternehmung kristallklar sein und den richtigen Stellenwert einnehmen. Ohne diesen klaren Stellenwert haben Sie mit hoher Wahrscheinlichkeit Reibungsverluste in Ihren Teams. Beispiele für offensichtliche Reibungsverluste sind Verschwendung von Ressourcen für Aufgaben, die nicht auf die Vision einzahlen, ungewöhnlich hoher Klärungs- und Abstimmungsbedarf innerhalb der Teams und mit Ihnen, zahlreiche angefangene, offene Projekte ohne Fertigstellung und/oder konkrete Ergebnisse usw.

Eine weitere Bedeutung der Vision und Mission für Sie als Geschäftsführer:in ist die Erkenntnis, welche Mitarbeiter:innen Sie in welchem Team benötigen, um die gesteckten Ziele zu erreichen. Sie nimmt daher direkten Einfluss auf die Team Set-ups Ihrer Organisation.

Eine klare Vision erzeugt außerdem Sinnerleben bei Ihren Mitarbeiter:innen. Die Arbeit wird für die Teammitglieder damit persönlich bedeutsam, wichtig und sie spüren, dass sie eine Veränderung bewirken. Daraus ziehen viele Teams enorme Motivation (siehe hierzu Kap. 20 Methoden und Mythen der Mitarbeitermotivation) und damit konkrete Energie für ihre Tätigkeit.

## 2. Bedeutung von Recruiting

Das Thema Recruiting bleibt eines der wichtigsten für erfolgreiche Teams. Gefühlt scheint es immer einfacher zu sein, ein neues Team von null aufzubauen, als bereits bestehende Teams neu zu sortieren und zu Höchstleistungen zu coachen. Daher ist die Bedeutung des Einstellungsprozesses und daraus resultierender Einstellungen zu betonen. Gerade im Mittelstand ist die Verweildauer einzelner Talente in Organisation im Vergleich zu Start-ups höher. Bei Start-ups beträgt diese 18–20 Monate [5], wohingegen die Mitarbeiter:innen im Mittelstand durchschnittlich ca. acht Jahre im Unternehmen verweilen [1]. Zu den Gründen hierfür zählen unter anderem die Größe, der Standort, die Verantwortungshöhe etc.

Meiner Erfahrung nach gibt es im nachhaltig erfolgreichen Recruiting viele Erfolgsfaktoren. Die richtige Haltung ist meines Erachtens nach jedoch der maßgebliche Erfolgsfaktor. Aus diesem Grund möchte ich mich im Folgenden darauf fokussieren.

Den ersten Denkanstoß, den ich Ihnen mitgeben möchte: Stellen Sie neue Mitarbeiter:innen „nur" für den aktuellen Job ein, oder haben Sie sich schon mal gefragt, was der:die Kandidat:in in drei Jahren können sollte, um mit seinem:ihrem Job/Team/Abteilung mitwachsen zu können? Diese Betrachtung ist für High Performance Teams enorm wichtig. Sie erzeugen damit enorme Geschwindigkeit im Team und zeigen individuelle Perspektiven und Wachstumsmöglichkeiten auf.

Der nächste Erfolgsfaktor ist: Interviewen niemals nur Sie allein eine:n Kandidat:in, sondern stellen Sie ein Team von Interviewer:innen zusammen, aus denen Sie wählen können. Zwei bis drei Interviews pro Kandidat:in exklusive vorgeschaltetem Telefoninterview sollten Ihnen die Bewerber:innen wert sein.

Fakt ist, Sie werden als Geschäftsführer:in selbst in kleinen Organisationen weder alle Interviews führen noch über alle Einstellungen entscheiden können. Das wollen Sie am Ende aber auch nicht. Was Sie anstreben sollten, ist, dass Ihre Führungskräfte nur die besten Kandidat:innen aussuchen. Und zwar weg von „Der ist aber sympathisch …", hin zu „Sie passt perfekt auf die Stelle und wird uns in den kommenden Jahren viel Potenzial entfalten". Im Klartext bedeutet das für Sie: Ihre direkten Mitarbeiter:innen müssen hohe Kompetenz, langfristige Perspektive und Mut beweisen, Mitarbeiter:innen einzustellen, die mehr Wachstumspotenzial haben als ihre Führungskräfte selber. Nur so schaffen Sie es, die Organisation zum Wachsen zu befähigen. Wenn Ihre Manager:innen nur Kandidat:innen einstellen, die „beherrschbar" und damit weniger qualifiziert sind als sie selber, bedeutet das am Ende eine

Negativspirale in der Entwicklung der Kompetenzen für die gesamte Organisation. Die Antwort, die Sie als Geschäftsfüher:in dann hören, ist: Überqualifiziert für die Stelle. An diesem Punkt gilt es sehr hellhörig zu sein, denn zumeist verlieren Sie in diesem Augenblick ein möglicherweise großartiges Talent.

**Wie stellen Sie sicher, dass die Talente nicht durch das Recruiting-Netz fallen? Drei einfache Tipps für Sie und ihr Team:**

1. Ein:e Kandidat:in sollte von mindestens drei Personen interviewt werden, wovon eine Person idealerweise nicht Teil der Abteilung ist, um die es bei der Stelle geht. So sind Sie in der Lage, den **Sympathie-Bias** zu vermeiden.
2. Stellen Sie sicher, dass das **Wachstumspotenzial** der:s potenziellen Kandidat:in eingeschätzt wird und NICHT nur die aktuellen Fähigkeiten.
3. Gehen Sie selbst nur in die Interviews der Abteilungen, bei denen eine Erhöhung der Mitarbeiterqualität zwingend notwendig ist. Damit stellen Sie die **richtige „Sprunghöhe"** sicher.

### 3. Bedeutung von Rollen und Verantwortlichkeiten

Welche Rollen gibt es im Team? Und wer verantwortet welche Aufgaben? Diese Fragen sind zu beantworten, bevor Teams erfolgreich zusammenarbeiten können. Und welche Rollen benötige ich überhaupt? Das hängt davon ab, welche Ziele das Team hat. Denn die Ziele geben vor, wann was in welcher Zeit erreicht werden soll. Und daraus ergibt sich eine Struktur mit den beinhalteten Rollen. Jeder Rolle kann dann auch eine Verantwortlichkeit zugeschrieben werden. Erst wenn alle Rollen und Verantwortlichkeiten geklärt sind, können – sollten Fähigkeiten im Team fehlen – Verantwortlichkeiten auf andere Rollen übertragen werden. Dies ist zumeist nur eine Kompensation und sollte nicht der Regel entsprechen, ansonsten passen die Rollen nicht in die vorgegebene Struktur. Es ist also eine Art Validierung oder auch Lackmustest, falls einzelne Personen zu viel Verantwortung haben oder sogar mehrere Rollen gleichzeitig einnehmen müssen.

Wenn Sie die Verteilung der Rollen noch eine Ebene tiefer betrachten, dann können Sie sich auch überlegen, ob verschiedene Personen die einzelnen Rollen überhaupt einnehmen können, natürlich basierend auf ihren Skills beziehungsweise ihrer Haltung und Motivation für diese Rollen. Es hat also oft weniger mit den Fähigkeiten zu tun als mit der Art und Weise, wie die Mitarbeiter:innen eine Rolle einnehmen beziehungsweise einnehmen wollen.

Aus Sicht der Geschäftsführer:in gilt es, die Förderung von Selbstständigkeit und Eigenverantwortung der einzelnen Teammitglieder in den Vordergrund zu stellen. In Kombination mit der klaren Team-Rollenverteilung, den klaren Zielen und Erwartungen ergibt sich somit eine bestmögliche Struktur und als Resultat die höchstwahrscheinliche Erfolgsrate. Im operativen Erledigen von einzelnen Aufgaben ist die zuverlässige Erfüllung in Zeit und qualitativem Anspruch ein weiterer essenzieller Erfolgsfaktor.

In Summe bedeutet dies also: Eindeutige Ziele, eine klare Struktur, detailliert definierte Rollen sowie voll übertragene Verantwortlichkeiten ergeben die benötigte Basis für die einzelnen Teammitglieder, um gemeinsam ein hoch performantes Team zu formen.

### 4. Bedeutung von Haltungs- und Führungsgrundsätzen sowie Feedback

Sie kennen es von sich selbst: Die zugeteilte Rolle mit der dazugehörigen Verantwortung voll zu übernehmen und einzunehmen bedarf einer gewissen Haltung. Dies gilt im beruflichen wie im privaten Kontext. Gerade als Führungskraft strahlt Ihre Haltung ab und Ihre Grundsätze sind die Basis für eine erfolgreiche Führung. Nachhaltig dabei ist es, wenn Sie es schaffen, das Vertrauen ins Zentrum zu stellen. Damit kann sichergestellt werden, dass Mitarbeiter:innen Ihnen freiwillig folgen, weil sie wissen, dass Ihre Führung nicht kurzfristig optimiert, sondern von nachhaltiger Natur ist. Vertrauen hat dabei einen wichtigen Effekt: Menschen werden Ihnen folgen, in Zeiten von Erfolg oder auch in Krisenzeiten.

Vertrauen bedeutet dabei auch, Risiken einzugehen, und wenn es die Situation verlangt, einen Vertrauensvorschuss von Ihren Mitarbeiter:innen zu erbitten. Das Ergebnis ist simpel, aber effektiv: Geschwindigkeit, Motivation, Mehr-Leistung und Freude – sowohl bei Ihren Mitarbeiter:innen als auch in der Zielerreichung für Ihre Organisation. Im Kern geht es darum, eine Umgebung zu schaffen, in der Ihre Mitarbeiter:innen mutig sind und sich nicht hinter der Gruppe verstecken. Erst dann ist der Nährboden für hoch performante Teams gebildet.

Wie erzeugen Sie diesen Nährboden? Dazu gibt es einige konkrete Ansätze:

- Etablieren Sie eine Kultur des Debattierens mit wertschätzendem Charakter. Dabei ist eine ausgeprägte Feedback- und Fehlerkultur der Schlüssel, denn Feedbacks sind exzellente Katalysatoren für individuelle und Teamentwicklungen.
- Schätzen Sie jede (Führungs-)Situation neu ein. Sie ist niemals gleich, sondern eventuell ähnlich. In „Gießkannenmanier" eine einmal erfolgreiche Führungsstrategie über alle zukünftigen Situationen zu kippen bringt Sie jedoch nicht zum Ziel.
- Talente wollen schon immer als Individuen gesehen werden, nicht erst seit Beginn der Generationen-Diskussion und der „fordernden" Millennials. Jede Persönlichkeit funktioniert anders und hat eine unterschiedliche Motivstruktur und damit auch unterschiedliche Antreiber. Feedback ist dafür der nahezu perfekte Schlüssel, und je mehr Sie diese Tatsache in Ihrer Haltung berücksichtigen, desto eher werden Sie als Führungspersönlichkeit akzeptiert.
- Was auf der individuellen Ebene funktioniert, gilt auch für Teams und Organisationen. Offensichtlich gibt es einen Grund für sogenannte „Fuck-up"-Sessions in der Start up-Welt: Teams wollen stets lernen. Sie sind hungrig, sich zu verbessern und vor allem an ihren Erfahrungen zu wachsen. Und die wichtigste Erkenntnis dabei: Ohne Feedback-Kultur, in Kombination mit einer positiven Fehlerkultur, gibt es schlicht keinen Nährboden für hoch performante Teams.

**5. Bedeutung der Etablierung einer klaren, wertschätzenden Kommunikation**

Um diese viel diskutierte Feedback-Kultur zu etablieren, benötigt es allem voran die richtige Kommunikation. Auch dies ist keine bahnbrechende Erkenntnis und dennoch liegt das Detail in den Punkten Klarheit und Wertschätzung. Wer Wachstum und Geschwindigkeit in Teams erzielen will, muss bekannte (auch verdeckte) Konflikte angehen und lösen, um Erfolge verzeichnen zu können. Hohe Leistungen in Teams erzielen Sie nur, wenn Sie es schaffen, rigoros klare sowie wertschätzende Kommunikation an die Teams und auch unter den Mitgliedern sicherzustellen. Erneut eine Zahl aus der Welt der jungen Unternehmen: Neun von zehn Start-ups scheitern, das ist bekannt [3]. Was weniger bekannt ist: 60 % davon scheitern als Resultat von negativen Teamdynamiken und damit einhergehender, fehlender Kommunikation [4].

Haben Sie sich dazu entschieden, dass das der Weg ist, wie gehen Sie ihn dann als Führungskraft, als Impulsgeber? Auch hier steckt die Komplexität nicht in den konkreten Ansätzen, sondern vielmehr in der Disziplin der Umsetzung:

- Eine klare Feedback-Methode muss ausgesucht und implementiert werden (z. B. SBIW[1]). Das heißt, dass jegliches Feedback dieser Methode folgt, und falls nicht korrigierend eingegriffen wird. Zusätzlich müssen Feedback-Regeln festgelegt und auch hier konsequent eingehalten werden.
- Es muss sowohl fest terminierte Feedback-Gespräche geben (einmal pro Jahr- oder auch halbjährlich) als auch empfehlenswert nach jedem abgeschlossenen Projekt, Teilprojekt oder jeder aufgetragenen Aufgabe.
- Gruppen-Feedback Sessions wie z. B. „Fuck-up" Sessions oder Post Mortems sind Pflichtteil eines jeden Projekts oder Sprints, um die Fehler anzusprechen und damit zu entmystifizieren. Auch hier gilt: stets wertschätzend zum Menschen und klar in den Inhalten.

### 6. Bedeutung von Ausdauer und Fokus

Sind Vision/Mission und Ziele klar, die Aktivitäten im Recruiting aufeinander abgestimmt, die Rollen und Verantwortlichkeiten definiert sowie die Haltungs- und Führungsgrundsätze formuliert und angewendet, gilt es neben der klaren, wertschätzenden Kommunikation, nur noch die Bedeutung von Fokus und Ausdauer zu verstehen, um Ihre Teams in höhere Leistungsniveaus zu heben.

---

[1] SBIW kommt aus dem Englischen und steht für Situation, Behavior, Impact und Wish. SBIW schildert also die konkrete Situation, legt das gezeigte Verhalten objektiv dar und fokussiert sich auf die persönlichen Auswirkungen sowie das gewünschte Verhalten.

Als wichtigste Erkenntnis für die Mitglieder Ihres Teams muss für alle klar sein: Leistung abzurufen ist kein Sprint, sondern ein Marathon. Es gibt immer ein nächstes Produkt, das nächste Pitch Deck, eine:n nächste:n Kund:in oder Investor:in. Das Ziel wird nie erreicht sein, ohne dass bereits ein neues definiert ist. Wenn diese Erkenntnis durchsickert, ist ein wichtiger Grundstein gelegt, um nachhaltig Wachstum und Geschwindigkeit in Teams zu etablieren. Dazu kommt das Thema Teamentwicklung: Ihre Aufgabe als Geschäftsführer:in ist es, Entwicklungspotenziale zu erkennen und zu fördern. Es gilt, individuelle Stärken der Mitarbeiter:innen zu entwickeln und dann gezielt im Team einzusetzen, um die erwähnten Rollen und Verantwortlichkeiten optimal zu besetzen. Das ist keine kurzfristige Arbeit, sondern hat langfristigen Charakter und bedarf des gezielten Aufwandes über einen längeren Zeitraum. Legt die Führungskraft keinen Fokus auf diese Themen, bleibt Potenzial auf der Strecke.

Auf der operativen Ebene kommt noch die Steigerung von Produktivität mit in die Gleichung. Es gibt zahlreiche Methoden der Leistungsoptimierung und Mitarbeitermotivation (siehe hierzu Kap. 20 Methoden und Mythen der Mitarbeitermotivation). Auch dieses Themenfeld ist spannend im Zusammenhang von hoch performanten Teams, dient aber eher der konkreten Zusammenarbeit in Teams anstelle der großen Blöcke, die sichergestellt sein müssen.

Zahlreiche Organisationen, gerade in sogenannten „hyper-growth" Set-ups (z. B. E-Commerce, Datenanalyse etc.), erachten es als sinnvoll, dass sogar jedes Team in einer Organisation seine abgeleiteten und dennoch eigenen Visionen, Missionen und Verhaltensweisen festlegt, sogenannte „Tenets" für bestimmte Projekte oder Aufgaben. Ein interessanter Ansatz, da dieser stark das Zusammenhörigkeitsgefühl fördert, besonders in Industrien, in denen noch nicht alles voll erforscht ist bzw. eine hohe Ambiguität vorherrscht.

Das Ziel von hoch performanten Teams ist auch in der Psychologie ein viel diskutiertes Thema. Mittlerweile werden psychologische Tests ebenfalls als Auswahl- und Entwicklungsinstrumente für Teams genutzt wie z. B. die sogenannten Persönlichkeitsanalysen. Dort gibt es zahlreiche Anbieter und Verfahrensweisen. Wichtig dabei ist es, auf die wissenschaftliche Fundierung und die Vielschichtigkeit der Test-Verfahrensweisen zu achten. Als Geschäftsführer:in stellt sich die Frage, ob eine

Persönlichkeitsanalyse ausreicht, um damit das nächste Teammitglied zu identifizieren? Ich denke Nein. Sinnvoller erscheint mir wie oben beschrieben, verschiedene Parameter zu beachten und damit möglichst ausgewogen die Weichen für leistungsfähige Teams innerhalb einer Organisation zu stellen.

## Literatur

1. Deloitte (2019). Unternehmerische Exzellenz: Zukunftsstrategien im Mittelstand. Wirtschaftswoche. [online] https://www2.deloitte.com/content/dam/Deloitte/de/Documents/Mittelstand/Axia-Award/Axiallent2019.pdf [zugegriffen am 02.11.2021].
2. Edmondson, A. (2018). The fearless organization – Creating Psychological Safety in the Workplace for Learning, Innovation and Growth. Hoboken, NJ: Wiley & Sons Inc.
3. Grabmeier, S. (2019). Das Blendwerk der Möchtegern-Stars. *Manager-magazin.* [online] https://www.manager-magazin.de/lifestyle/artikel/start-up-szene-new-work-arbeitswelt-ist-oft-eine-schoene-neue-scheinwelt-a-1264963.html [zugegriffen am 02.11.2021].
4. Schmiechen, F. (2016). Sechs Gründe, warum Gründerteams scheitern – und was sie dagegen tun können. *Gründerszene. Business Insider.* [online] https://www.businessinsider.de/gruenderszene/allgemein/studie-warum-gruendungen-scheitern/ [zugegriffen am 02.11.2021].
5. Voss, O. (2018). Start-ups gehen Fachkräfte aus: Die Söldner und Geier der Digitalisierung. *Der Tagesspiegel.* [online] https://www.tagesspiegel.de/wirtschaft/start-ups-gehen-fachkraefte-aus-die-soeldner-und-geier-der-digitalisierung/23645088.html [zugegriffen am 02.11.2021].

# 6

# Geschwindigkeit
## Wie Sie Ihre Organisation schneller machen

### Olof von Lindequist

Sie kennen das, manchmal kommt Ihnen Ihre eigene Organisation so vor, als würde sich alles nur noch im Schneckentempo bewegen. Dabei haben Ihre Mitarbeiter:innen gute Absichten, sind motiviert, brennen für ihre Abteilungen und trotzdem geht es nicht voran.

Woran liegt das? Und was können Sie dagegen tun?

Dieses Kapitel soll Ihnen Maßnahmen an die Hand geben, wie Sie mit einfach umzusetzenden Methoden signifikant die Geschwindigkeit Ihrer Organisation erhöhen. Aber zunächst treten wir einen Schritt zurück. Fällt der Begriff „Organisationsentwicklung", geht es immer um wachsende Strukturen. In jeder Organisation und jedem Unternehmen muss Wachstum entstehen. Der in diesem Zusammenhang benutzte Begriff der Organisationsentwicklung wird häufig angeführt, doch viele wissen gar nicht, was damit gemeint ist.

O. von Lindequist (✉)
CONUFACTUR GmbH
München, Deutschland
E-Mail: ol@conufactur.com

D. B. Werner et al., *Nachhaltiges Wachstum im Mittelstand*,
https://doi.org/10.1007/978-3-658-38362-6_6

Organisationsentwicklung beschreibt den partizipativen Prozess der Veränderung und Entwicklung, die notwendig ist, damit Ihr Unternehmen erfolgreich ist. Ihre Mitarbeiter:innen müssen dabei maximal eingebunden werden und es müssen dabei sowohl die Struktur und die Kultur des Unternehmens als auch die persönlichen Verhaltensweisen der Mitarbeiter:innen auf den Prüfstand gestellt werden. Durch die Organisationsentwicklung soll das Unternehmen insgesamt effizienter und erfolgreicher werden. Gleichzeitig sollen die Arbeitsbedingungen und Chancen für die einzelnen Mitarbeiter:innen verbessert werden. Diese beiden Ziele stehen in Wechselwirkung. Organisationen wachsen nur, wenn die Mitarbeiter:innen zufrieden sind. Erst dann stecken sie ihre Kraft und Ideen in das Unternehmen und identifizieren sich mit den Plänen der Geschäftsführung. Der gesamte Entwicklungsprozess steht und fällt mit der Kommunikation und der Zusammenarbeit Ihrer Mitarbeiter:innen. Ihr Auftreten und Führungsverhalten gegenüber den Mitarbeiter:innen sind natürlich weitere entscheidende Säulen.

## Womit Sie anfangen sollten

Das ist nicht ganz einfach zu beantworten, schließlich gibt es zahlreiche Methoden, um die Agilität und damit die Geschwindigkeit von Entscheidungen und Prozessen in Ihrem Unternehmen zu verbessern. Welche sind nun die richtigen für Sie? Fangen wir mit der Grundausstattung an.

**1. Legen Sie mit der richtigen Auswahl an Tools und Software die Basis für Ihre interne Kommunikation**
Beinahe jede Organisation kennt das Phänomen der E-Mail-Flut. Alles wird in endlosen E-Mail-Stafetten diskutiert, unzählige Threads entstehen, 100 E-Mails und mehr am Tag sind mittlerweile normal. Die Mitarbeiter:innen oder die Führungskraft ist folglich den ganzen Tag damit beschäftigt, E-Mails zu lesen oder zu beantworten, an produktives Arbeiten ist nicht wirklich zu denken.

Der erste Schritt ist, die interne Kommunikation im Unternehmen weg von der E-Mail, hin zu einer Social-Intranet-Lösung wie z. B. Microsoft Teams, Slack, Basecamp oder Bitrix zu bringen. Warum ist das sinnvoll? Sie können heute mit beinahe jeder beliebigen Social-Intranet-Lösung Ihre Kommunikation sehr gut in Teams, Projekte und Channels strukturieren, sprich die Information geht nur an die Personen, die auch davon betroffen sind. So sind Diskussionen in Chats viel schneller als per E-Mail, Sie können kollaborativ an Lösungen und Projekten arbeiten, auch mit externen Partnern und Unternehmen.

Die Software können Sie auf Ihren eigenen Servern „on Premise" hosten und sind so jederzeit Herr über Ihre Daten. Das kann dann auch der Beginn eines zentralen Wissensmanagements sein. Wissen darf nicht nur in den Köpfen und E-Mail-Postfächern Ihrer Mitarbeiter:innen gespeichert werden. Sie brauchen zentrale Stellen, um Wissen strukturiert zu dokumentieren. Gleichzeitig hat so auch jede:r Mitarbeiter:in Zugriff darauf und ist auf diese Weise unabhängiger von den jeweiligen Kolleg:innen. Dann tut es auch nicht mehr so weh, wenn Sie einmal von einem:einer wichtigen Mitarbeiter:in verlassen werden. Allerdings ist es kein leichtes Unterfangen, seine Mitarbeiter:innen so zu erziehen, dass sie ihr Wissen dokumentieren. Das erfordert sehr viel Durchhaltevermögen, um auch dem letzten klarzumachen, dass er sein Wissen nicht nur für sich behalten kann.

Die Einführung der Social Intranet Software erfordert ein intensives Onboarding, um die Gewohnheiten der Mitarbeiter:innen zu ändern. Hier müssen Sie und Ihr Führungsteam mit gutem Beispiel vorangehen und sämtliche Kommunikation mit Tag 1 auf das neue Tool umstellen, dann werden auch Ihre Mitarbeiter:innen mitziehen. E-Mails werden Sie allerdings nicht vollständig abschaffen können, gerade für externe Kommunikation wird die E-Mail weiterhin essenziell bleiben. Intranet-Software-Lösungen sind heute so flexibel, dass Sie diese auch Externen öffnen und sie z. B. für Projekte auf Ihre Plattform einladen können. Die Externen können dann nur für sie freigegebene Bereiche sehen und bearbeiten.

**2. Fördern Sie Kollaboration und Transparenz mit Kanban**
Abteilungen neigen dazu, ein Eigenleben zu führen und ihr Wissen für sich zu behalten (lesen Sie hierzu auch Kap. 19). Daher ist es für Sie als Geschäftsführer:in essenziell, dem entgegenzuwirken. Die Benefits liegen auf der Hand: Sie sparen Zeit und Ressourcen.

# Was Sie tun müssen

Organisieren Sie Ihre Teams in Kanban Boards. So behalten nicht nur Ihre Teams, sondern auch Sie selbst und Ihre Führungsmannschaft jederzeit den Überblick über Aufgaben und Projekte. Die Boards sind gleichzeitig einsehbar für alle Mitarbeiter:innen, was auch die lästigen E-Mails mit der Aufforderung, einen Status zu einem bestimmten Thema zu schicken, obsolet macht. Jede Projektmanagementsoftware wie z. B. Asana, Monday oder Wrike kann heute Kanban Boards abbilden, sogar einige Social-Intranet-Plattformen haben diese Funktion schon integriert. Natürlich können Sie auch physische Kanban Boards aufbauen. Dem Design Ihres Boards sind buchstäblich keine Grenzen gesetzt und jedes Team kann seine eigenen Spaltenformatierung vornehmen. Ein klassisches Set-up wäre ein Board mit sechs Spalten: Neu, In Planung, Diese Woche zu erledigen, Heute zu erledigen, Wartend/Blockade, Fertig oder Erledigt (siehe Abb. 6.1).

* „Neu" sind Aufgaben, die irgendwann zu tun sind und noch keinen Verantwortlichen oder Timeline haben.
* „In Planung" sind Aufgaben, die einen Verantwortlichen haben, aber noch keine Timeline.

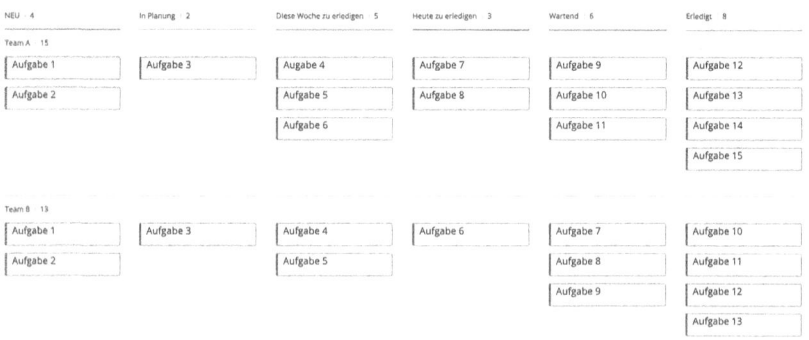

**Abb. 6.1** Beispiel eines Kanban Boards

- „Diese Woche zu erledigen" sind die Tasks, die Sie in dieser Woche auf jeden Fall schaffen wollen, dort planen Sie Ihre Arbeitswoche.
- „Heute zu erledigen" sind die wichtigsten Tasks, die heute abgearbeitet werden müssen.
- „Wartend/Blockade" sind Aufgaben, an denen aktuell nicht weitergearbeitet werden kann, weil externer Input fehlt oder eine Blockade aufgetreten ist.
- „Fertig/Erledigt" sind die Aufgaben, die final abgeschlossen wurden.
- In den einzelnen Spalten sind Limits definiert, sprich es dürfen nicht mehr Aufgaben als das angegebene Limit in der jeweiligen Spalte auftauchen.

Das Board hängt sichtbar in einem Raum oder wird digital abgebildet. Jeder kann sich jederzeit über den aktuellen Stand informieren, Fragen stellen, Ressourcen anfordern oder Blockaden adressieren und sich von seinem Team bzw. von anderen Abteilungen helfen lassen. Sie lösen Probleme gemeinsam anstatt allein und verbessern so automatisch die Kollaboration in Ihrem Unternehmen.

**3. Organisationsdesign: Lösen Sie starre Teamstrukturen durch projektbezogenes Staffing von Teams auf**
Aufgrund immer schnellerer Innovationszyklen und globalen Wettbewerbs sind Unternehmen gezwungen, sich permanent zu verändern. Starre Strukturen und eingefahrene Prozesse bremsen Unternehmen aus. Damit Mitarbeiter:innen innovativ sein können, brauchen sie Freiheiten und Entscheidungsspielräume. Durch die Konzepte der Organisationsentwicklung können sich Unternehmen von innen heraus erneuern, Lernprozesse anstoßen und dadurch wettbewerbsfähig bleiben.

Das Komplexitätslevel steigt in Unternehmen sichtbar. Daher ist es wichtig, dass Sie Ihre Teams so aufstellen, dass möglichst viele Kompetenzen aus verschiedenen Disziplinen abgedeckt werden. Es braucht Spezialist:innen, um gute Antworten auf komplexe Fragestellungen liefern zu können. Je mehr Erfahrung und unterschiedliche Sichtweisen in den Prozess einfließen, desto besser wird das Ergebnis.

# Was Sie beachten müssen

Stellen Sie Ihre Teams projekt- oder aufgabenbezogen auf mit der Ansage, dass sie sich nach Beendigung des Projekts wieder auflösen und in neue Teams kommen. Achten Sie auf möglichst diverse und interdisziplinäre Teamzusammenstellungen. Mit der Zeit werden sich neue Zuständigkeiten und Abhängigkeiten herausbilden, die vielleicht für die Betroffenen am Anfang neu sind und von Ihnen moderiert werden müssen.

Sie fordern grundsätzlich von Ihren Teams ein hohes Maß an Eigenverantwortung und Selbstorganisation, was sich dann auch positiv auf die anderen Abteilungen in Ihrem Unternehmen auswirken wird.

Es sollte für Sie kein Problem sein, Ihre Mitarbeiter:innen von der Wichtigkeit dieser Projekte überzeugen zu können. Verkaufen Sie diese als „Zukunftsprojekte", die sich mit den wichtigsten Herausforderungen des Unternehmens befassen. Wer will da nicht Teil eines solchen Projekts sein?

**4. Sprechen Sie in Retrospektiven über Ihren Veränderungsprozess**
Es ist noch kein Meister vom Himmel gefallen, und wenn Sie Veränderungsprojekte anstoßen, können Sie nicht erwarten, dass jedes ein Erfolg wird. Aber selbst wenn es kein Erfolg wird, liefert es auf jeden Fall zwei Dinge: 1. Daten und 2. Erfahrungen.

Daher ist es wichtig, über die Ergebnisse und die dabei gewonnenen Erfahrungen zu sprechen, und zwar nicht nur im Projektteam, sondern im ganzen Unternehmen. Sie müssen sicherstellen, dass Sie die Learnings allen Mitarbeiter:innen zur Verfügung stellen, sei es durch ein Social Intranet, in einem Wiki oder durch Firmenveranstaltungen, bei denen die Projektverantwortlichen direkt berichten.

Das Prinzip Trial & Error ist vermutlich die beste Art und Weise, wie Sie Ihre Organisation kontinuierlich besser machen, vorausgesetzt, Sie lernen aus Ihren Fehlern. Kontinuierliche Verbesserung, auch wenn sie gefühlt nur in sehr kleinen Schritten passiert, bewirkt am Ende die großen Innovations- oder Qualitätssprünge. Den sogenannten Compound-Effekt, bei dem aus vielen kleinen positiven Veränderungen große

Erfolge entstehen, beschreibt auch Darren Hardy in seinem Buch „The Compound Effect" [1].

### 5. Installieren Sie Feedback-Schleifen
Organisieren Sie während des Projekts auf wöchentlicher Basis Retro Meetings und besprechen Sie die gemeinsame Zusammenarbeit. Dabei helfen Fragen, wie:

* Was läuft gut?
* Was müssen wir anpassen?
* Was läuft nicht?
* Wo müssen wir nachsteuern?
* etc.

Die Ergebnisse dieser Diskussion werden festgehalten und konkrete Action Items abgeleitet. Nach einem definierten Zeitpunkt schauen Sie sich die Punkte wieder an und prüfen, ob sich das gewünschte Ergebnis eingestellt hat. Etablieren Sie dabei eine offene Fehlerkultur! Nur dann trauen sich Ihre Mitarbeiter:innen auch, Risiken einzugehen.

## Literatur

1. Hardy, D. (2020). The Compound Effect – Jumpstart your Income, your Life, your Success. Paris: Hachette. Special Edition

# 7

# Prozessoptimierung
## Vier Forcing Functions, um Ihre Unternehmensprozesse zu verbessern

### Olof von Lindequist

Das Thema Prozessoptimierung ist ein sehr weites Feld, auf dem Sie sich als Geschäftsführer:in sehr schnell verzetteln können. Das beginnt schon mit der Frage, für wen Sie effiziente Prozesse gestalten: für das Unternehmen, für die Shareholder, für die Mitarbeiter:innen oder für die Kund:innen? Lassen Sie es mich vorwegnehmen, Prozesse werden meistens nur für eine der vier genannten Parteien optimiert.

Das richtige Maß an Prozessen ist hier ebenfalls sehr wichtig. Wie viele Prozesse wollen Sie in Ihrem Unternehmen etablieren? Wann werden es zu viele kleinteilige Prozesse, sodass es Ihre Organisation lähmt und Sie an Flexibilität verlieren. Viele Prozesse zu verwalten bedeutet auch einen enormen Aufwand – in der Dokumentation und in der Aktualisierung. Unternehmer:innen haben häufig gar keine Vorstellung von der Anzahl der Prozesse in ihrem Unternehmen. Und selbst wenn sie diese haben, sehen sie nur die offiziellen Prozesse. Die informellen Prozesse, die täglich

O. von Lindequist (✉)
CONUFACTUR GmbH
München, Deutschland
E-Mail: ol@conufactur.com

© Der/die Autor(en), exklusiv lizenziert an Springer Fachmedien Wiesbaden GmbH, ein Teil von Springer Nature 2022
D. B. Werner et al., *Nachhaltiges Wachstum im Mittelstand*,
https://doi.org/10.1007/978-3-658-38362-6_7

in ihrem Unternehmen ablaufen, können nur erahnt werden. Mitarbeiter:innen sind sehr kreativ, den für sich objektiv besten Weg zu finden, eine Aufgabe zu lösen und schon ist ein informeller Prozess geboren. Gerade bei Knowledge Workern ist dieser Drang sehr groß, da sich diese nicht in enge Korsette pressen lassen wollen. Daher sollten Sie immer die Frage stellen: Brauche ich diesen einen Prozess wirklich oder lasse ich meinen Mitarbeiter:innen die Freiheit, hier im besten Sinne für die Firma selbst zu entscheiden? Eine weitere Herausforderung für viele Unternehmen ist die Tatsache, dass zwar die Prozesse innerhalb deren Wertschöpfungskette effizient sind, der Prozess als Ganzer aber nicht die erwartete Effektivität bringt. Um ein gemeinsames Verständnis zu schaffen, möchte ich zunächst die Begriffe Effizienz und Effektivität abgrenzen.

Die Effektivität beschreibt die Wirksamkeit einer Leistung im Hinblick auf das gewünschte Ziel. Sie gilt für Sie also als Gradmesser, wie viel Sie von Ihrem angestrebten Ziel erreicht haben, ohne dabei den angefallenen Aufwand zu betrachten. Die Effizienz hingegen beschreibt das Verhältnis zwischen Kosten und Ertrag, sprich hier wird betrachtet, wie wirtschaftlich eine Maßnahme ist.

Wie können Sie als Unternehmer:in das richtige Maß an Prozesstreue definieren und vor allem wie können Sie verhindern, dass Sie Ihre Organisation nicht in ein Prozesskorsett zwingen und die Anzahl an Prozessen aus dem Ruder läuft?

## Die Prozessaufnahme als Basis

Zunächst müssen Sie einen Überblick über alle Prozesse in Ihrem Unternehmen gewinnen, den formellen und den informellen. Dafür müssen Sie mit Ihren Mitarbeiter:innen sprechen und eine Prozessaufnahme durchführen. Achten Sie darauf, dass Sie möglichst auch die informellen Prozesse erfassen. Im gleichen Atemzug müssen Sie sich Gedanken machen, wo Sie ihre Prozesse dokumentieren wollen und welche Methode Sie dafür nutzen. Zum Beispiel könnten Sie die BPMN 2.0-Methode (Business Process Modeling Notation) anwenden, die sich immer größerer Beliebtheit erfreut und für die es sehr gute Softwarelösungen gibt (z. B. Signavio) (siehe Abb. 7.1).

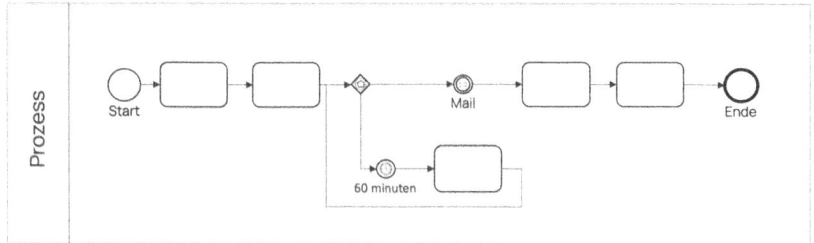

**Abb. 7.1**  Business Process Model and Notation (BPMN) 2.0 [1]

Wenn diese Basis gelegt ist, habe ich im Folgenden vier Forcing Functions beschrieben, die es Ihnen erleichtern werden, Ihre Prozesse zu identifizieren und zu verbessern und die Sie relativ einfach in Ihrem Unternehmen implementieren können.

## Vier Forcing Functions für jedes Unternehmen

### 1. Identifikation Ihrer Kernprozesse
Zeit ist Ihre knappste Ressource. Daher müssen Sie sich zunächst klar darüber werden, welche Prozesse Sie unbedingt effizient halten müssen. Es geht dabei um Ihre Kernprozesse, also die Prozesse, die für Ihre Wertschöpfung am wichtigsten sind. Das ist von großer Bedeutung, denn Sie könnten auch an anderer Stelle anfangen, z. B. bei Prozessen, die besonders viele Ressourcen verbrauchen. Welche Prozesse sind notwendig, damit mein Produkt bei den Kund:innen landet, sie den Nutzen erkennen und im Idealfall wieder kaufen?

### 2. Prozess-Disziplin
Ein beliebtes Phänomen in Unternehmen ist außerdem die Ansammlung immer neuer Prozesse, ohne sich von alten Prozessen zu trennen. Daher macht folgende Maßgabe Sinn: Für jeden Prozess, der eingeführt wird, sollten Sie sich explizit die Frage stellen, welcher Prozess dafür abgelöst wird. Sie können sogar noch einen Schritt weitergehen, da ohnehin meist viel zu viele Prozesse existieren, indem Sie dafür sorgen, dass für jeden neuen Prozess zwei alte Prozesse gehen müssen. Das zwingt die Mitarbei-

ter:innen, sich zum einen sehr genau zu überlegen, ob er oder sie einen neuen Prozess einführen will und ob der neue Prozess so gut ist, dass er zwei alte ersetzen kann. Als weiteres Kriterium sind immer wieder die Kund:innen in den Mittelpunkt zu rücken: Was haben die Kund:innen davon, wenn wir diesen Prozess einführen? Wird das Kundenerlebnis dadurch besser, wird unsere Dienstleitung oder das Produkt dadurch wertiger? Wenn Sie diese Frage nicht mit einem klaren „JA!" beantworten können, ist es nicht sinnvoll, den Prozess einzuführen.

### 3. Automatisierung

Häufig stellen Geschäftsführer:innen fest, dass an vielen Stellen noch sehr analoge Prozessabläufe stattfinden, bei denen Mitarbeiter:innen Dinge manuell erledigen oder etwas per Hand von A nach B bewegen. Auf diese Tätigkeiten gilt es, ein besonderes Augenmerk zu legen. Denn Menschen sind Gewohnheitstiere und haben es sich mit ihren meist informellen Prozessen bequem eingerichtet. Mittels am Markt verfügbarer Softwarelösungen wird es sehr schnell möglich sein, den Mitarbeiter:innen diese manuellen Tätigkeiten abzunehmen. Dann verkürzen sich beispielsweise Wartezeiten mithilfe automatisierter Genehmigungs- oder Freigabeverfahren oder die Software stellt mittels Benachrichtigungen sicher, dass alle Projektbeteiligten wissen, ob sich der Stand eines Projekts verändert hat. Physische Urlaubsanträge gehören genauso wie manuelles Ein- oder Übertragen von Daten der Vergangenheit an. Softwarelösungen können z. B. CRM-Systeme wie Hubspot oder Bitrix, Projektmanagementsoftware wie z. B. Asana oder Wrike, Kapazitätsplanungstools oder Intranets inklusive Chatfunktion wie z. B. Microsoft Teams oder Bitrix sein. Denn dann passiert etwas Magisches: Sie und Ihre Mitarbeiter:innen haben endlich wieder Zeit, sich um die eigentliche Arbeit zu kümmern, nämlich um Ihre Kund:innen und Ihre Produkte.

### 4. Kommunikation

Gute Kommunikation ist die Basis für jede gute Zusammenarbeit. Ihre Kommunikationsprozesse sind die Prozesse, die Sie in Ihrem Unternehmen mit dem geringsten Aufwand verändern können. Die Erfahrung bestätigt, dass in den meisten Unternehmen zu wenig kommuniziert wird, auch wenn die eigene Wahrnehmung etwas anderes sagt. Kommunizieren Sie deshalb bewusst mehr, als Sie es intuitiv machen würden. Mit großer Wahrscheinlichkeit treffen Sie damit genau das richtige Maß.

Um dies umzusetzen, stelle ich Ihnen nun zwei konkrete Action Items vor:

1. Stellen Sie Ihre interne Kommunikation um, indem Sie eine Software einführen, mit der Sie sowohl 1:1 als auch in Projektgruppen kommunizieren können (siehe hierzu Kap. 6 Schnelligkeit).
2. Im nächsten Schritt erfolgt die Optimierung der Meeting-Kultur. Streichen Sie Meetings, bei denen Ihre Mitarbeiter:innen oft fehlen oder sich entschuldigen lassen, und schauen Sie bei den Meetings, die übrig bleiben, sehr genau, wer daran teilnehmen muss. Es gilt die Regel: Wer keinen Beitrag zu dem Meeting leisten kann, sollte an diesem Meeting auch nicht teilnehmen. Jedes Meeting sollte eine klare Agenda haben und im Anschluss sollte ein kurzes Protokoll mit den Key Findings, Action Items und Next Steps erstellt werden. Das Meeting-Protokoll wird an zentraler Stelle, idealerweise in einem Intranet oder. Sharepoint abgelegt, sodass sich jede:r Mitarbeiter:in in fünf Minuten ein Bild davon machen kann, was in diesem Meeting besprochen und entschieden worden ist. Es gilt hier eine Holschuld für die Mitarbeiter:innen. Sie müssen sich also aktiv informieren, sofern es sie betrifft. Meetings sind im Übrigen nicht dazu da Informationen zu verteilen, sondern ausschließlich, um für Herausforderungen Lösungen zu finden. Deshalb sollten alle Teilnehmer:innen auch in der Lage sein, für die Lösungen sinnvollen Input zu leisten. Stellen Sie außerdem sicher, dass es in Ihrem Unternehmen auch Tage ohne Meetings gibt, an denen nur an den eigenen Themen gearbeitet wird. Eine Woche ist schnell vergangen, und oftmals wurde zwar viel über die Arbeit gesprochen, aber es blieb keine Zeit, sie zu erledigen. Indem Sie dafür einen ganzen Tag blocken, ermöglichen Sie Ihren Mitarbeiter:innen eine ausgedehnte Deep-Work-Phase, in der die Produktivität nachgewiesenerweise deutlich zunimmt.

Wenn Prozesse infrage gestellt und Veränderungen angestrebt werden, ist das nicht immer für alle Beteiligten einfach. Manche Prozesse haben sich möglicherweise über viele Jahre so etabliert, und eine Veränderung kostet viel Einsatz und Veränderungswillen von den beteiligten Mitarbeiter:innen. Oft verlieren Mitarbeiter:innen auch an Einfluss, Macht oder andere Privilegien, die sie zu verteidigen versuchen. Hier ist es besonders wichtig, dass Sie als Geschäftsführer:in Ihre Mitarbeiter:innen mitnehmen, ihnen die Verlustängste nehmen und ihnen die Perspektive aufzeigen, die dadurch für sie individuell entsteht. Gelingt Ihnen dies nicht, werden Sie nicht drum herumkommen, sich von dem:der ein oder anderen Mitarbeiter:in zu trennen.

Sich selbst und seine Arbeit zu hinterfragen, braucht Mut und Offenheit. Nicht jeder reagiert gleich auf Veränderungen. Daher ist es wichtig, dass im Rahmen von geplanten Veränderungen gut kommuniziert wird, damit alle Beteiligten die Veränderungen mittragen können. Es ist jedoch für jedes Unternehmen unabdinglich, dass immer wieder hinterfragt wird, warum Abläufe so sind, wie sie sind und ob sie nach wie vor die erwünschte Wirkung erzielen. Die konstante Weiterentwicklung des Unternehmens und seiner Prozesse ist ein nie endender Vorgang, insofern aber auch für Mitarbeiter:innen unüblich, da sie es gewohnt sind, Projekte abzuschließen und zur Tagesordnung überzugehen.

# Literatur

1. Richerzhagen, B. (2021). BPMN 2.0 – Business Process Model and Notation. BPMN. [online] https://www.bpmn.de/lexikon/bpmn/ [zugegriffen am 10.02.2022].

# 8

## Arbeiten im Homeoffice
### Wie Remote Work gelingt und was es bringt

Raphael Herkommer

Viele Berufsbilder werden digitaler und brauchen zum Erledigen ihrer Aufgaben nur mehr einen PC mit Internetverbindung und/oder ein Telefon. Es ist daher wenig überraschend, dass dezentrales Arbeiten immer mehr zur Normalität wird. Und das, obwohl viele Arbeitgeber:innen skeptisch gegenüber Heimarbeit (Remote Work) waren und sind. Die Vorteile für Unternehmen werden immer deutlicher. Je nach angestrebter Intensität, ein bis fünf Tage im Homeoffice, ermöglicht Remote Work merkliche Einsparpotenziale bei Miet- und Energiekosten. Die Befürchtung, dass Kolleg:innen remote weniger oder schlechter arbeiten, wurde durch zahlreiche Studien widerlegt. In der Regel steigt die Produktivität sogar an. Vorausgesetzt, Remote Work wird professionell umgesetzt, zeigen sich zudem positive Auswirkungen auf Arbeitszufriedenheit und -motivation der Mitarbeiter:innen [1, 4].

R. Herkommer (✉)
CONUFACTUR GmbH
München, Deutschland
E-Mail: rh@conufactur.com

© Der/die Autor(en), exklusiv lizenziert an Springer Fachmedien Wiesbaden GmbH, ein Teil von Springer Nature 2022
D. B. Werner et al., *Nachhaltiges Wachstum im Mittelstand*,
https://doi.org/10.1007/978-3-658-38362-6_8

Langfristig besteht der größte Mehrwert für Unternehmen im Zugriff auf einen globalen Talentpool. Qualifizierte Arbeitnehmer:innen, besonders Expert:innen für innovative Technologien, sind oft im Ausland einfacher und günstiger zu finden als vor Ort. Beispielsweise verdient ein:e Software-Entwickler:in in Deutschland durchschnittlich 46.000 Euro brutto. In Frankreich liegt das Durchschnittsgehalt bei gleicher Arbeit bei etwa 34.000 Euro [2]. Diese Differenz wird noch größer, wenn man Gehälter außerhalb Europas vergleicht. Es geht jedoch nicht nur um Einsparpotenziale. Der deutsche Arbeitsmarkt kann den Bedarf an bspw. Software-Entwickler:innen aktuell nicht decken, daher sind Mitarbeitende im Ausland oft notwendig. Gerade diese besonders gefragten Arbeitnehmer:innen, die in der digitalen Welt zu Hause sind und Unternehmen helfen, ihre Produkte und Dienstleistungen zu digitalisieren, wünschen sich häufig von ihrem:r Arbeitgeber:in die Möglichkeit, remote zu arbeiten. Es wird für sie zu einem Auswahlkriterium bei ihrer Arbeitsplatzsuche. Ein Unternehmen, das sich remote aufstellt, wird demnach für Bewerber:innen alleine schon deswegen interessanter und verschafft sich einen Vorteil im „War for Talents".

Bei allen Vorteilen, die dezentrales Arbeiten mit sich bringt, gibt es natürlich auch Herausforderungen. So sagen bspw. 90 % der Betriebe, welche kein Remote Work erlauben, dass es die Tätigkeit nicht zulässt [3]. Das mag für einige Branchen (z. B. Bau, Medizin, Pflege) zutreffen, die technologische Entwicklung ermöglicht jedoch mittlerweile auch Berufen, die „Face-to-face"-Kontakt erfordern, wie z. B. bei Sportkursen oder Therapiestunden, eine dezentrale Realisierung. In der Realität scheitert Remote Work in den meisten Fällen nicht an der Aufgabenstruktur, sondern an mangelnder Offenheit und Experimentierfreude.

Teamleiter:innen und Manager:innen, die wenig Berührungspunkte mit Heimarbeit haben, erleben oft Gefühle von Kontrollverlust und fragen sich, ob zu Hause „wirklich gearbeitet wird". Eigene Erfahrungen, positive Beispiele anderer Unternehmen und eine bessere Studienlage können hier auf bewusster Ebene entgegenwirken, aber das Gefühl hält sich dennoch. Ein handfestes Problem ist der Wegfall von spontaner und sozialer Interaktion zwischen den Mitarbeiter:innen. Der soziale Zusammenhalt, Rituale und Routinen im Büro sind für viele Arbeitnehmer:innen wichtig, um motiviert, kreativ und ausgeglichen zu bleiben. Im Homeoffice erleben Arbeitnehmer:innen daher phasenweise Gefühle von

Einsamkeit und Isolation, weil ihnen der Kontakt zur Unternehmenskultur fehlt. Werden diese Gefühle nicht ernst genommen und aufgefangen, können sie sich negativ auf die Produktivität und Zufriedenheit
der Mitarbeiterbindung auswirken [5]. Weitere Themen sind Ablenkungen
durch Familie, Kinder oder andere externe Einflüsse, denen man zu Hause
stärker ausgesetzt ist als im Büro. Auch die ergonomische Ausstattung des
Arbeitsplatzes zu Hause wird zu einem Thema für den:die Arbeitgeber:in.
    Damit auch Sie von den Vorteilen profitieren und mit den Nachteilen
achtsam umgehen können, finden Sie auf den nächsten Seiten einige
Handlungsempfehlungen, wie Remote Work gelingen kann.

## Arbeitszeit, Arbeitsschutz und technische Voraussetzungen als zentrale Erfolgsfaktoren

Die Entscheidung für oder gegen eine dezentrale Ausrichtung des Be-
triebs sollte nicht von oben herab delegiert, sondern gemeinschaftlich
und im Diskurs erarbeitet werden. Hier bieten sich selbst gestaltete oder
extern unterstützte Workshops an. In diesen Workshops sollte Einigkeit
über drei wesentliche Erfolgsfaktoren der Arbeit im Homeoffice erreicht
werden: Arbeitszeit, Arbeitsschutz und technische Voraussetzungen [1].
    Die Gestaltung und Erfassung der **Arbeitszeit** müssen geregelt werden.
So sollte beschlossen werden, an wie vielen Tagen der Woche und wie
lange mobil gearbeitet werden darf, beispielsweise maximal drei Tage die
Woche und/oder nur an fixen Wochentagen. Da eine vollständige Umstellung von Präsenz zu Homeoffice in den meisten Fällen unrealistisch ist,
macht eine stufenweise Implementierung Sinn. Um Ruhezeiten sicherzustellen und zu lange Arbeitszeiten zu vermeiden, gilt es zudem, die Kernarbeitszeit sowie die Erreichbarkeit während der Heimarbeit zu definieren.
    Über den **Arbeitsschutz** in Form von Sicherheits- und Gesundheitsricht-
linien sollten Sie sich auch abstimmen. Hier wird geklärt, wer für die ergonomische Ausrichtung des Arbeitsplatzes verantwortlich ist und wer für die
Kosten aufkommt. So wäre bspw. ein Budget je Mitarbeiter:in denkbar, das
sie oder er entweder selbst für ergonomische Arbeitsausstattung ausgeben
kann bzw. muss, oder das Unternehmen macht einen Vorschlag für eine stan-
dardisierte Grundausstattung, die zur Verfügung gestellt wird.

Die Klärung der **technischen Voraussetzungen**, also welche mobilen Endgeräte und Programme für die mobile Arbeit zur Verfügung gestellt werden, verlangt vermutlich die meiste Recherche und auch einige Testläufe. Besonders zum Punkt Software-Lösungen gebe ich in diesem Beitrag einige Empfehlungen, die sich in der Praxis bewährt haben und relativ leicht zu erlernen sind.

# Remote Work bedarf einer anderen Form der Selbst- und Mitarbeiterführung

Die Entscheidung zu mehr Homeoffice bedeutet einerseits mehr Freiheit, andererseits entfallen Strukturen, die für die Gestaltung des Arbeitsalltags von Vorteil sind. Der Weg zur Arbeit, auch wenn er oft als lästig empfunden wird, hat kognitive wie körperlich aktivierende Komponenten. Auch der unmittelbare Kontakt mit und die Sichtbarkeit von Kolleg:innen fallen weg. Hierfür gibt es mittlerweile auch technologische Ansätze, welche die gefühlte Distanz zwischen Kolleg:innen verringern, dazu später mehr.

Seien Sie selbst achtsam, sensibilisieren Sie Ihr Team bezüglich Störfaktoren und unterstützen Sie sich gegenseitig, um diese nach und nach zu reduzieren. Zwischendurch die Wäsche zu waschen oder kurz abzuspülen, sollte nicht überhandnehmen, um die konzentrierten Arbeitsphasen nicht zu oft zu unterbrechen. Es lohnt sich, Routinen selbst und/oder im Team zu definieren und diese diszipliniert zu befolgen. Besonders bei der Arbeit von zu Hause sollte dem individuellen Umfeld klar kommuniziert werden, dass Sie während der Kernarbeitszeit möglichst nicht gestört werden möchten. Die fehlende Bewegung kann durch regelmäßig geplante kurze Spaziergänge einfache Yoga- oder Pilates-Übungen kompensiert werden. Bei kurzen Telefonabsprachen (< 30 min) bietet es sich an, diese an der frischen Luft zu erledigen. Animieren Sie sich und Ihr Team in längeren Meetings dazu, sich zu strecken, oder führen Sie kurze (ca. 3 min) Bewegungspausen ein. Eine der größten Herausforderungen, so paradox es im ersten Moment erscheint, ist die Einhaltung des Feierabends. Arbeiten Sie gemeinsam im Büro, gibt es gewisse Auslöser, die Sie daran erinnern, dass der Arbeitstag zu Ende ist. Lichter in einzelnen Büros werden ausgeschaltet, die ersten Kolleg:innen verabschieden sich.

Diese Trigger fehlen im Homeoffice. Der Übergang von Arbeit zu Freizeit wird fließender, was dazu führt, dass oft über die eigentliche Arbeitszeit hinaus gearbeitet wird. Arbeitgeberseitig kann das phasenweise wünschenswert sein, langfristig belastet es allerdings die Arbeitnehmer:innen zu sehr und brennt sie aus. Hier kann bspw. das Umfeld helfen, indem Sie zwar die Arbeitszeiten respektieren, aber auch auf den Feierabend bestehen und daran erinnern. Ein anderer Tipp ist eine Zeitschaltuhr an der Schreibtischlampe, ein Alarm im Handy oder im altmodischen Wecker, der an den Feierabend erinnert. Sie können sich auch mit einer Kollegin oder einem Kollegen zu einem Feierabend-Erinnerungs-Anruf verabreden. Das bietet Ihnen zusätzlich die Möglichkeit, sich privat auszutauschen.

# Programme und Software, die dabei helfen, remote zu arbeiten

Die technische Ausstattung v. a. mit passenden Software-Lösungen ist unabdingbar für das Gelingen einer dezentralen Arbeitsstruktur. Daher möchte ich Ihnen im Folgenden einige Programme vorstellen, welche die Zusammenarbeit auf Distanz maßgeblich erleichtern und verbessern können:

**Microsoft Teams**
Die Kernfunktionen von Teams[1] sind Video-Chats für den Arbeitsalltag, es lassen sich aber auch Unterlagen teilen und Apps anderer Anbieter integrieren. In Kombination mit dem virtuellen Laufwerk *Microsoft One-Drive* können für die Belegschaft wichtige Dokumente zentral und für alle oder ausgewählte Mitarbeiter:innen zugänglich gemacht werden. Es arbeiten immer mehr Unternehmen mit der Lösung, da es für Unternehmen, die bereits Microsoft Office nutzen, eine naheliegende und günstige Lösung ist, um den Arbeitsalltag im Homeoffice zu gestalten. Es ist auch möglich, Office-Dokumente mit mehreren Nutzern gleichzeitig zu bearbeiten. Für Unternehmen im Homeoffice bietet Microsoft Teams

---

[1] https://www.microsoft.com/de-de/microsoft-teams/teams-for-work.

also zahlreiche nützliche Funktionen. Eine andere weitverbreitete Video-Call Software ist *Zoom*[2], sie bietet einen größeren Funktionsumfang bei Videoanrufen, allerdings weniger Kollaborationsmöglichkeiten. Ein Blick darauf lohnt sich trotzdem.

**Doodle**

Einen Videokonferenz-Termin oder ein Telefon-Meeting mit mehreren Mitarbeiter:innen zu vereinbaren, ist oft eine Herausforderung. Nicht alle Termine der Kolleg:innen sind immer ersichtlich. Eine Koordination über Chats oder E-Mail ist maximal unübersichtlich. Es kostet Unmengen an Zeit, alle möglichen Uhrzeiten und Nachrichten auszuwerten. Doodle[3] löst dieses Problem auf clevere Weise. Die Software sendet eine Umfrage bzw. eine Teilnahme-Anfrage an die ausgewählten Personen und schlägt einen – vorher definierten – Zeitraum für den Termin vor. Alle Empfänger klicken die für sie infrage kommende Zeit an. Daraus erstellt Doodle eine Rangliste, an welchem Tag die meisten bzw. alle Kolleg:innen Zeit haben. So ist übersichtlich erkennbar, welcher Zeitpunkt für den Termin am besten passt.

**Asana**

Bei Asana[4] liegt der Fokus auf der Planung von Projekten. Es lassen sich übersichtlich Aufgaben und Unteraufgaben erstellen, die dann an verschiedene Teammitglieder vergeben werden. Für alle Kolleg:innen im Homeoffice ist auf diese Weise leicht erkennbar, an welchen Projekten sie arbeiten und wie weit die Arbeit fortgeschritten ist. Abstimmung und Kommunikation sind über Asana ebenfalls möglich. Da der Austausch unter den jeweiligen Aufgaben bzw. Projekten stattfinden darf und soll, muss er spezifisch sein.

**Miro**

Miro[5] können Sie sich wie ein „unendliches" Online-Whiteboard vorstellen. Remote Teams können in Echtzeit mit Live-Video, aber auch asynchron miteinander arbeiten. Die Software eignet sich besonders für

---

[2] https://zoom.us/.

[3] https://doodle.com/de/.

[4] https://asana.com/de.

[5] https://miro.com/.

kreative Besprechungen und Brainstormings. Mit dem Board werden Arbeitsabläufe, Strategien und Ideen visualisiert. Die Oberfläche ist dabei intuitiv und leicht zu bedienen. Vorlagen für unterschiedliche Bedarfe und Integrationen runden das Bild ab. Es gibt beispielsweise ein Mindmap Tool und es können verschiedene Projektmanagement-Tools wie Asana mit dem Board verknüpft werden. Unterlagen und Dokumente lassen sich direkt vom Whiteboard aus öffnen und gemeinsam bearbeiten. Es ist auch möglich, externe Personen zur Zusammenarbeit einzuladen, damit lassen sich (online) Workshops mit Kunden oder interne Seminare interaktiv gestalten.

**Virtual Offices/Virtual HQs**
Besagte Lösungen bilden eine verhältnismäßig neue Kategorie im Remote-Software-Segment. Der Fokus dieser Tools liegt auf dem sozialen bzw. persönlichen Austausch zwischen Kolleg:innen und erleichtert unter anderem das Onboarding neuer Kolleg:innen. Die Tools simulieren virtuelle Räumlichkeiten (z. B. ein Büro), in denen sich die Kolleg:innen als Avatare begegnen können, und schaffen so das Gefühl von Nähe, Sichtbarkeit und Zusammengehörigkeit. Derartige Lösungen ermöglichen spontane Begegnungen mit Kolleg:innen, sozialen Austausch und produktive Zerstreuung, was Gefühlen von Einsamkeit und Isolation entgegenwirkt. Sie tragen maßgeblich zum Aufbau bzw. Erhalt der Unternehmenskultur bei – eine zentrale Herausforderung, wenn man remote miteinander arbeitet. Zwei Vertreter dieser Kategorie sind *Bonfire*[6] und *Gather*[7]. Die Lösungen verfolgen das Ziel, eine persönlichere und vor allem sozialere Zusammenarbeit auf Distanz zu ermöglichen.

Zusammenfassend kann festgehalten werden, dass Remote Work sowohl für Arbeitnehmer:innen als auch Arbeitgeber:innen viele Vorteile bietet. Dennoch ist die Form der Zusammenarbeit neuartig und bedarf einiger Überlegungen, um ihr volles Potenzial zu entfalten. Vor allem Arbeitsweisen, Strukturen und Werkzeuge sollten Sie bewusst auswählen. Mit diesem Beitrag möchte ich Ihnen Orientierung geben und den Start ins dezentrale Arbeiten erleichtern.

---

[6] https://bonfireoffice.com/.
[7] https://www.gather.town/.

> **Was Sie nun tun sollten**
>
> **Programme und Software**
> Besuchen Sie die Webseiten der einzelnen Anbieter und lassen Sie sich inspirieren, wie die Zusammenarbeit im Homeoffice heute aussehen kann. Sie werden überrascht sein, was alles möglich ist.
>
> **Selbst- & Mitarbeiterführung**
> Erstellen Sie einen ersten Plan, wie Ihre Remote-Arbeitswoche oder die Ihres Teams/Ihrer Organisation aussehen könnte. Nutzen Sie hierfür ganz einfach Papier und Stift oder ein Tabellenbearbeitungsprogramm (z. B. Excel). Am Ende sollten Sie ein Dokument haben, das an einen Stundenplan erinnert, der als grundlegende Struktur Ihres Homeoffice-Arbeitstages dienen kann. Denken Sie auch an (Bewegungs-)Pausen und den Feierabend.

# Literatur

1. Bonin, H.; Eichhorst, W.; Kaczynska, J.; Kümmerling, A.; Rinne, U.; Scholten, A.; Steffes, S. (2020). Verbreitung und Auswirkungen von mobiler Arbeit und Homeoffice: Kurzexpertise. (Forschungsbericht/Bundesministerium für Arbeit und Soziales, FB549). Berlin: Bundesministerium für Arbeit und Soziales; Universität Duisburg-Essen Campus Duisburg, Fak. für Gesellschaftswissenschaften, Institut Arbeit und Qualifikation (IAQ); Zentrum für Europäische Wirtschaftsforschung (ZEW) GmbH; Institute of Labor Economics (IZA). [online] https://nbn-resolving.org/urn:nbn:de:0168-ssoar-70079-5 [zugegriffen am 20.10.2021].
2. Daax (2021). Softwareentwickler Gehalt weltweit 2020: Wie viel verdient ein Programmierer?. [online] https://www.daxx.com/de/blog/entwicklungstrends/it-gehaelter-softwareentwickler-trends [zugegriffen am 20.10.2021]
3. Grunau, P.; Ruf, K.; Steffes, S.; Wolter, S. (2019). Mobile Arbeitsformen aus Sicht von Betrieben und Beschäftigten: Homeoffice bietet Vorteile, hat aber auch Tücken. IAB-Kurzbericht. 11/2019. Institut für Arbeitsmarkt- und Berufsforschung (IAB). Nürnberg. [online] http://hdl.handle.net/10419/216702 [zugegriffen am 20.10.2021].
4. Rupietta, K.; Beckmann, M. (2018). Working from home. *Schmalenbach Business Review*. Springer; Schmalenbach Gesellschaft, 70 (1), S. 25–55.
5. Süß, S. (2020). Arbeiten während Corona. *BM – Magazin für Beamtinnen und Beamte*. [Hrsg.] Deutscher Gewerkschaftsbund. [online] https://www.dgb.de/themen/++co++208ac8b4-afb4-11ea-a616-52540088cada [zugegriffen am 20.10.2021].

# Teil III

## Kundenzentrierung

# 9

# Kundenerlebnis
## Wie Sie das Erlebnis Ihrer Kund:innen verbessern können

Helen Kuhnle

Um das Kundenerlebnis zu verbessern, gilt es, die Wünsche und Bedürfnisse der Kund:innen in den Vordergrund zu stellen. Der Schlüsselbegriff lautet Kundenzentrierung. Als Basis hierfür ist es notwendig, das Erlebte der Kund:innen nachzuvollziehen und zu verstehen. Gelingt dies Ihrem Unternehmen, schaffen Sie positive Kundenerlebnisse und beste Voraussetzungen für Wachstum. Das ist essenziell, denn heutzutage reicht es nicht mehr aus, ein gutes Produkt oder einen guten Service zu verkaufen. Ihre Kund:innen erwarten ein Erlebnis – und das während der gesamten Customer Journey, sprich, an jedem Punkt, an dem Ihre Kund:innen mit Ihrem Unternehmen Berührungspunkte haben – ob direkt oder indirekt, vom ersten Kontakt bis weit nach dem Kaufvorgang. Dazu gehört selbstverständlich die Qualität der Kundenbetreuung, aber auch die Verpackung, die Werbung, die Zuverlässigkeit, der Bedienkomfort und der Service. Die positiven und negativen Erfahrungen, die dabei gemacht werden, gilt es zu managen. Eine erfolgreiche

H. Kuhnle (✉)
CONUFACTUR GmbH
München, Deutschland
E-Mail: hk@conufactur.com

Marke formt die Kundenerfahrungen, indem sie das grundlegende Wert-
angebot in jeden einzelnen Bestandteil ihrer Angebote einbettet. Wenn Sie
dazu in der Lage sind, erarbeiten Sie sich einen Wettbewerbsvorteil und legen
damit den Grundstein für den zukünftigen Erfolg und das nachhaltige Wachstum Ihres Unternehmens.

Deshalb finden Sie in diesem Kapitel einen Leitfaden zur Erstellung
einer Customer Journey Map für Ihr Unternehmen sowie die wichtigsten
Dos and Don`ts, die dabei zu beachten sind. Zu Beginn gilt es jedoch,
ein allgemeines Verständnis für die Customer Journey und die einzelnen
Berührungspunkte zu schaffen.

## Customer Journey und Touch Points

Um Ihren Kund:innen das bestmögliche Kundenerlebnis zu bieten, ist es
essenziell, die Erfahrungen während der Customer Journey genauer zu
betrachten und so ein tiefer greifendes Verständnis für Ihre Kund:innen
als Basis einer kundenzentrierten Ausrichtung zu schaffen (siehe
Abb. 9.1). Die Customer Journey streckt sich über mehrere Phasen: Aufmerksamkeit (Attention), Erwägung (Consideration), Handlung (Con-

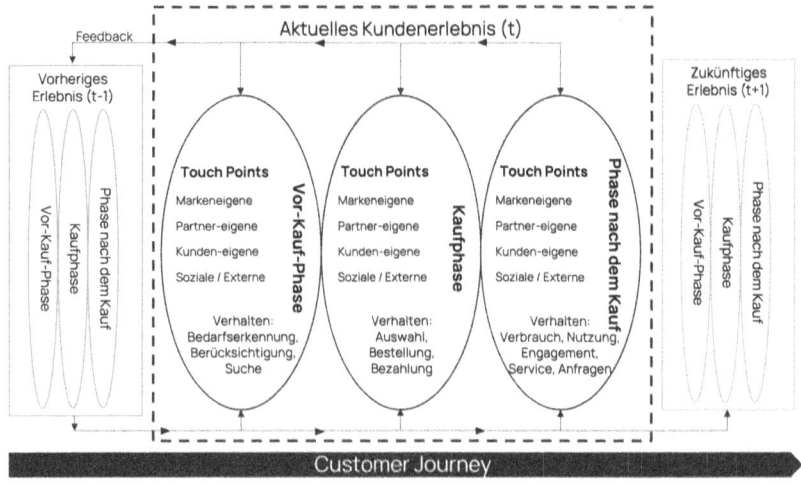

**Abb. 9.1**  Customer Journey und Kundenerlebnis (in Anlehnung an Lemon und
Verhoef, 2016, S. 77 [2])

version), Kundenbindung (Retention) und Weiterempfehlung (Advocacy). Egal ob Sie Ihre Kund:innen in einem B2B- oder B2C-Kontext betrachten – in jeder Phase gibt es Berührungspunkte mit Ihrem Unternehmen, sogenannte Touch Points. An diesen Kontaktpunkten können wichtige Daten gesammelt werden.

Dabei unterscheidet man verschiedene Touch-Point-Arten:

1. Vom Unternehmen erstellte, verwaltete und kontrollierte Touch Points, wie alle markeneigenen Medien (z. B. Werbung, Website) und markeneigene Elemente des Marketingmix (z. B. Produkt, Verpackung, Service, Preis).
2. Kundeninteraktionen, die von Ihrem Unternehmen und einem oder mehreren Ihrer Partner:innen (z. B. Marketingagenturen, Vertriebspartner, Kundenbindungsprogramme etc.) gemeinsam konzipiert, verwaltet oder kontrolliert werden.
3. Touch Points, die die Kund:innen basierend auf den eigenen Bedürfnissen und Wünschen auswählen (z. B. Wahl der Zahlungsmethode, Individualität des Konsums und Nutzung).
4. Soziale und externe Touch Points, die den Einfluss von anderen auf die Kundenerfahrung (z. B. andere Kund:innen, unabhängige Informationsquellen, persönliches Umfeld), Informationsquellen von Dritten (z. B. Bewertungsportale und soziale Medien) aber auch Veranstaltungen (z. B. Theater, Konzerte, Sportereignisse) einbeziehen.

Jeder einzelne Kontaktpunkt bietet Ihnen die Chance, die Beziehung und Erfahrung mit Ihren Kund:innen positiv zu gestalten. Die Bedeutung der Touch Points kann sich jedoch je nach Person unterscheiden und auch verändern. Zudem sind nicht alle Touch Points von gleicher Wichtigkeit, sondern basieren auf dem Angebot Ihres Unternehmens. Bieten Sie beispielsweise eine Dienstleistung an, sind Serviceinteraktionen wahrscheinlich von höherer Bedeutung. Zudem kann sich die Wichtigkeit von Touch Points auch von Produkt zu Produkt unterscheiden.

Letztlich entscheidet die Diskrepanz zwischen den Erwartungen und den gemachten Erfahrungen darüber, ob Ihre Kund:innen begeistert sind oder nicht. Deren Erwartungen basieren häufig auf früheren Erfahrungen und können durch Wettbewerber:innen, die persönliche Situation, ge-

änderte Marktbedingungen, aber auch durch Ihr Unternehmen selbst be-
einflusst werden.

Eine Umfrage unter Kund:innen von 362 Unternehmen hat diesbezüglich allerdings deutliche Wahrnehmungsverzerrungen aufseiten der
Geschäftsführer:innen festgestellt. Während nur 8 % der Kund:innen
ihre Erfahrungen als „überragend" beschrieben, waren 80 % der Mana-
ger:innen der Überzeugung, die Erfahrung Ihrer Kundschaft mit Ihrem
Unternehmen sei tatsächlich „überragend" [1].

Um diesen Differenzen vorzubeugen, ist es sinnvoll, die Kundenreise
zu visualisieren und so die Erlebnisse und Bedürfnisse Ihrer Kund:innen
zu betrachten. Dafür bietet das Customer Journey Mapping ein geeignetes Tool.

## Customer Journey Maps für Ihr Unternehmen

Indem Sie sich in die Perspektive Ihrer (potenziellen) Kund:innen ver-
setzen, liefern Ihnen Customer Journey Maps Einblicke in die Kundenerfahrungen. Sie strukturieren und dokumentieren das Kundenerlebnis
und vermitteln ein Gefühl für die größere Motivation, Ziele und Erwartungen dahinter.

Der Hauptzweck besteht also darin zu verstehen, was Ihre Kundschaft
möchte und wie sich jede Interaktion mit Ihrem Unternehmen auf sie
auswirkt. Dadurch können besonders wichtige Touch Points definiert
sowie positive Erfahrungen erkannt und ausgebaut werden. Gleichzeitig
werden negative Momente identifiziert und behoben. Daher kann diese
Methode auch zur Überprüfung von Erlebnisinitiativen und deren Auswirkungen und Effektivität genutzt werden. Dies hilft Ihnen im besten
Fall, bessere Geschäftsentscheidungen zu treffen. Aufgrund des großen
Umfangs ist es außerdem sinnvoll, für jede Hauptzielgruppe eine eigene
Customer Journey Map zu erstellen, die einen Überblick über die jeweilige gesamte Reise gibt (siehe Abb. 9.2).

Die Entwicklung einer Customer Journey Map für Ihr Unternehmen
ist jedoch keine Sache, die Sie innerhalb eines Tages erledigen. Damit Sie
Ihrem Unternehmen auch einen Mehrwert bietet, sollten Sie sich ausreichend Zeit nehmen und die folgenden Schritte beachten.

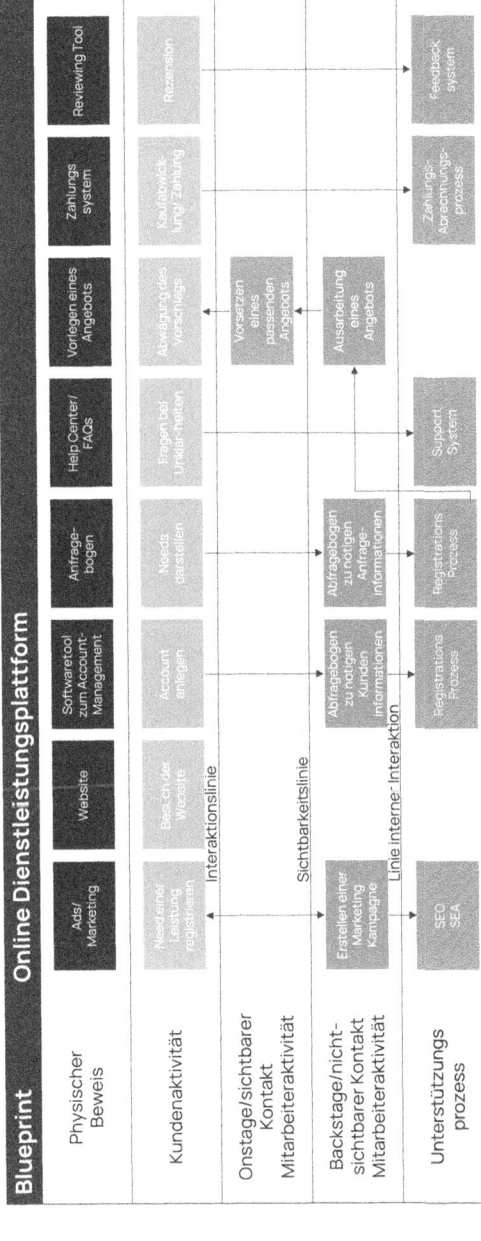

**Abb. 9.2** Beispiel einer Customer Journey Map

## 1. Definition von Ziel und Rahmen der Customer Journey Map

Erstellen Sie einen Plan, der beschreibt, wie die Map in Ihrem Unternehmen verwendet werden soll und was deren Ziel ist. Fragen Sie sich also, warum Sie die Map erstellen und was Sie versuchen zu verstehen. Legen Sie außerdem den Umfang der Customer Journey Map fest, damit Sie sich nicht in Details verlieren. Sammeln Sie Informationen aus internen sowie externen Quellen und beziehen Sie sowohl quantitative als auch qualitative Erkenntnisse mit ein.

## 2. Entwicklung der Customer Persona

Nutzen Sie Muster und Zusammenhänge, um eine fiktive Kundenpersona zu erstellen, die die Merkmale Ihrer Zielgruppe repräsentiert und auf die Sie sich im Rahmen dieser Customer Journey Map konzentrieren wollen. Dabei gilt: Je mehr Merkmale und Je detaillierter, desto besser. Beispiele hierfür sind: demografische Daten, Ausbildung, Hobbys, Beruf, Einkommensspanne, Ziele/Motivationen, Herausforderungen, Werte/Ängste, soziale Kreise und Verhaltensmuster. Bei der Erstellung können Sie auf Customer-Relationship-Management-Daten (CRM-Daten), Marktforschungsdaten und Kunden-Feedback zurückgreifen.

## 3. Ermittlung aller Touch Points sowie Wahrnehmungen und Emotionen der Kunden

Identifizieren Sie alle potenziellen Interaktionsphasen, an denen Ihre Kund:innen mit Ihrem Unternehmen in Berührung kommen. Dabei ist es wichtig, sowohl online als auch offline Touch Points zu berücksichtigen und gegebenenfalls bereits analytische Bemerkungen festzuhalten. Dazu gehören Kundenaktionen, Emotionen und Motivationen, Hindernisse und Schmerzpunkte.

## 4. Visualisierung der Customer Journey

Achten Sie bei der Erstellung der Customer Journey Map auf eine ansprechende und leicht verständliche Visualisierung. Nutzen Sie dafür die Auflistung der einzelnen Phasen im Zeitverlauf, in denen relevante Berührungspunkte notiert werden. Berücksichtigen Sie auch gerne bereits vorhandene Bewertungen sowie die Relevanz der Touch Points. Generell sollten Sie darauf achten, dass die Darstellung auf einer Seite angezeigt werden kann und visuelle Elemente eingebaut sind. Wichtig ist, dass die Customer Journey Map das gesamte Kundenerlebnis und alle miteinander verbundenen Interaktionen abbildet.

Dabei können Sie auf verschiedene Darstellungsmöglichkeiten zurückgreifen. Ob mit Post-its, Whiteboards, PowerPoint oder speziellen Tools (wie bspw. Smaply[1]) – nutzen Sie das, was für Sie am besten funktioniert.

**5. Analyse und Erweiterung der Customer Journey**
Die finalisierte Version gilt es anschließend zu analysieren und zu identifizieren, wo nur wenige Touch Points vorhanden sind, welche Touch Points eher negativ behaftet sind und welche ausgebaut werden sollten. Beziehen Sie in dem Zusammenhang auch Daten und Umfragen zur Kundenzufriedenheit mit ein. Zuletzt gilt es, die Customer Journey Map regelmäßig zu reflektieren und gegebenenfalls zu erweitern. Auf diese Weise erhalten Sie einen wertvollen Einblick in das Erlebnis Ihrer Kunden.

# Worauf Sie unbedingt achten sollten

Damit auch Sie das Erlebnis Ihrer Kund:innen verbessern können, habe ich Ihnen die wichtigsten Dos and Don'ts nochmals zusammengefasst:

**Dos**
* Nutzen und Ziel der Map festlegen
* Gemeinsame und klare Vision für Kundenerlebnis erarbeiten
* Einbindung und Feedback aller beteiligten Personen, um die ganzheitliche Sicht auf Kund:innen zu erhalten und Verantwortungsgefühl zu stärken
* Einnehmen der Kundenperspektive
* Kundeneinblicke aus Systemdaten, anekdotischen Geschichten oder anderen Beobachtungen gewinnen

---

[1] https://www.smaply.com.

- Mit Erfassung von Daten, die bereits vorliegen, beginnen
- Punktuell vorgehen (Informationen sammeln und vervollständigen, Überblick über Vermutungen erhalten)
- Gestaltung zwischen Aktionen und Interaktionen für kohärentes Ergebnis
- Indirekte Auswirkungen auf Erlebnis miteinbeziehen
- Kombination von digitalem und physischem Erlebnis
- Nutzen der Map als „lebendiges" Dokument, das Sie regelmäßig überprüfen und anpassen
- Schaffen von emotionalen Bindungen
- Nutzen von Tools, um Käufe zu verfolgen

**Don'ts**

- Map aus Sicht des Unternehmens erstellen (inkl. Unternehmensjargon und -prozesse)
- Map als Dokument sehen und dann abhaken
- Vermutungen über Kund:innen anstellen und darauf basierend Entscheidungen treffen
- Alles auf einmal machen
- Kein Kunden-Feedback einholen oder Feedback nur verzögert einholen
- Feedback der Mitarbeiter:innen ignorieren
- Gewohnheiten und Vorlieben der Kund:innen ignorieren, nicht updaten oder nur mangelhaft/mit Lücken darstellen

---

### Reflexionsaufgabe

Denken Sie nun noch einmal an den Anfang dieses Kapitels zurück. Waren Sie zu Beginn der Meinung, Ihr Unternehmen ist kundenzentriert? Wissen Sie wirklich, welche Berührungspunkte Ihre potenziellen Kund:innen mit Ihrem Unternehmen in welchen Phasen der Customer Journey haben? Haben Sie überhaupt schon mal eine Customer Journey Map erstellt? Oder stimmt Ihre Customer Journey eventuell gar nicht mit den Bedürfnissen Ihrer Zielgruppe überein?

Sollten Sie sich auch nur bei einer Frage unsicher sein oder Ihre vielleicht bereits vorhandene Customer Journey Map schon länger nicht mehr betrachtet haben, bietet Ihnen dieses Kapitel nun einen Leitfaden dafür, die Diskrepanz zwischen der Kundenwahrnehmung und der Unternehmenswahrnehmung zu minimieren und Ihr Unternehmen wirklich kundenzentriert auszurichten.

## Literatur

1. Bain & Company. (2005). Closing the delivery gap. https://media.bain.com/bainweb/PDFs/cms/hotTopics/closingdeliverygap.pdf. [zugegriffen am 15.09.2021].
2. Lemon, N. K.; Verhoef, P.C. (2018). Understanding Customer Experience Throughout the Customer Journey. *Journal of Marketing*. 80 (6), S. 69–96.

# 10

## Umsatzsteigerung durch Kundenzentrierung

### Wie richtige Kundenzentrierung den Umsatz sichtbar steigert

Olof von Lindequist

Kundenzentrierung ist ein machtvolles Instrument, das, wenn es richtig umgesetzt wird, nicht nur zufriedene Kund:innen, sondern auch Umsatzsteigerungen verspricht. Doch ist das wirklich so? Und wo sind für Sie als Geschäftsführer:in die Stellschrauben?

Bevor Sie sich dem Thema nähern, hilft es, einmal die gegenteilige Position einzunehmen, um zu verstehen, was passiert, wenn Sie sich nicht auf Ihre Kunden konzentrieren.

Da wäre zuallererst die Annahme, dass alle Ihre Kund:innen gleich sind. Und da alle gleich sind, bekommen sie auch alle dasselbe Produkt von Ihnen. Sie merken, das hört sich schon jetzt komisch an. Aber führen wir das Experiment fort. Sie beraten Ihre Kund:innen nicht, schon gar nicht online oder per Videochat. Wer ein Problem mit Ihrem Produkt

O. von Lindequist (✉)
CONUFACTUR GmbH
München, Deutschland
E-Mail: ol@conufactur.com

© Der/die Autor(en), exklusiv lizenziert an Springer Fachmedien Wiesbaden GmbH, ein Teil von Springer Nature 2022
D. B. Werner et al., *Nachhaltiges Wachstum im Mittelstand*,
https://doi.org/10.1007/978-3-658-38362-6_10

oder Ihrer Dienstleistung hat, der kann ein Formular ausfüllen und per Post an Sie schicken.

Ich habe es jetzt bewusst überspitzt formuliert, und mit Sicherheit würden die allermeisten es weit von sich weisen, ihre Kund:innen so zu behandeln. Für Unternehmen stellt sich heute die Frage: Wie kann ich Kund:innen gewinnen, die mein Produkt oder meine Dienstleitung kaufen und mit der User Experience zufrieden sind?

Laut einer Studie von Sopra Steria aus dem Jahr 2019 erwarten 72 % der Befragten [3], dass sich die Produkte in der eigenen Branche immer stärker an den individuellen Bedarf der Kund:innen anpassen. Um diese Anpassungen für die Kund:innen vornehmen zu können, sind Daten vonnöten.

Die ersten Überlegungen als Geschäftsführer:in müssen also sein:

• Welche Datenstrategie habe ich?
• Was weiß ich heute bereits über meine Kund:innen?
• Wo liegen die Daten in welcher Form vor?
• Habe ich die Erlaubnis der Kund:innen, damit arbeiten zu können?
• Sammle ich an den richtigen Stellen genug Daten, um die Lücken in meinen Kundenprofilen schließen zu können?
• Überfordere ich meine Kund:innen mit Datenabfragen, sodass die Customer Experience sich verschlechtert?
• Nutze ich die Daten im Sinne der Kund:innen?
• Halte ich alle gesetzlichen Vorgaben ein?

Viele Unternehmen haben heute noch Berührungsängste mit Daten bzw. wissen schlichtweg zu wenig über ihre Kund:innen und versuchen, diese Lücken z. B. mit Marktforschung zu füllen. Das kann aber nur ein Baustein sein. Sie kommen nicht darum herum, systematisch in der Customer Journey der Kund:innen Daten zu sammeln, auszuwerten und sie zur weiteren Optimierung des Kundenerlebnisses zu nutzen. Dabei wandern Sie auf einem schmalen Grat, denn das Kundenerlebnis darf unter der Datenstrategie nicht leiden.

Die Vorteile von Kundenzentrierung entlang der Wertschöpfungskette liegen auf der Hand.

# Vorteile gegenüber den Mitbewerber:innen

Laut einer Gartner-Studie von 2018 [2], erarbeiten sich zwei Drittel aller befragten Unternehmen Vorteile im Markt durch das Optimieren der Customer Experience. Es geht um nichts Geringeres, als die beste User Experience im Markt anzubieten. Das fängt bereits bei der Recherche vor dem Kauf an (siehe Abb. 10.1).

**Hohe Sichtbarkeit und einfache Informationsbeschaffung**
Wie gut bin ich für die Kund:innen im Netz sichtbar und wie schnell liefere ich mit meinem Produkt oder meiner Dienstleitung eine Lösung für deren aktuelle Probleme? Dauert die Informationsbeschaffung für die Kund:innen zu lange, fällt das negativ auf Sie und Ihre Marke zurück. Findet er:sie aber schnell eine Lösung für sein:ihr Problem, wird das als positive Customer Experience wahrgenommen.

**Schnelle Kaufentscheidungen der Kund:innen und Cross-Selling-Möglichkeiten**
Die Customer Journey wird durch viele Bereiche im Unternehmen geprägt. Hier zählen Effizienz, Einfachheit, Service, gute Informationen und einfache

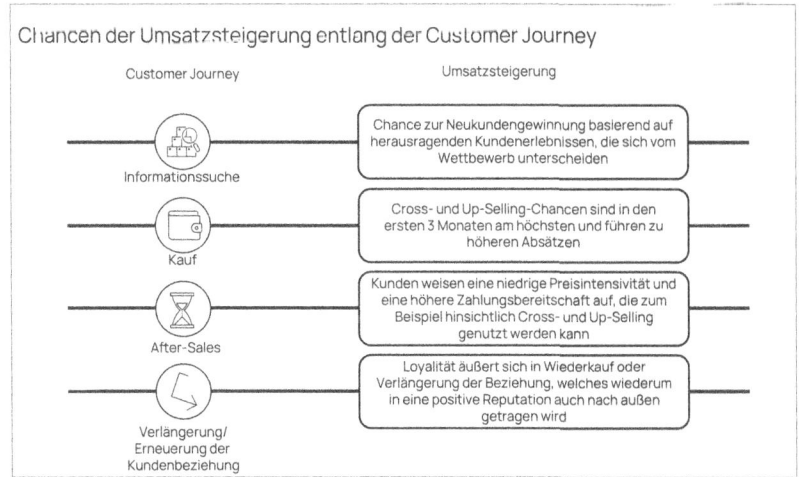

Abb. 10.1 Chancen zur Umsatzsteigerung entlang der Customer Journey in Anlehnung an Schwarz [5]

Bezahlung zu den Pfeilern, die ein gutes Einkaufserlebnis ausmachen können. Für Unternehmen ist es essenziell, dass diese Unternehmensbereiche Hand in Hand arbeiten, sprich die Prozesse der beteiligten Bereiche auf die Customer Journey ausgerichtet sind. Laut einer PwC-Umfrage im Jahr 2018 [4], zählen 73 % aller US-Kund:innen das Erlebnis zu den Kernfaktoren für ihre Kaufentscheidung. Doch nur zwei von drei Kund:innen haben das Gefühl, dass Unternehmen ausreichend auf Kundenbedürfnisse eingehen.

Hatten Ihre Kund:innen ein gutes Kauferlebnis, sind sie offener für weitere Angebote Ihres Unternehmens. Laut KMPG (2019) sind Kund:innen in den ersten drei Monaten nach dem Kauf am empfänglichsten für weitere Angebote [1]. Hiervon profitieren insbesondere auch die oftmals vernachlässigten Bestandskund:innen. Denn Bestandskund:innen zu halten ist deutlich profitabler, als neue Kund:innen zu gewinnen. Zufriedene Bestandskund:innen und wirtschaftlicher Erfolg sind kein Zufall. Hier ist die Korrelation zwischen Kundenzentrierung und Umsatzsteigerung am deutlichsten erkennbar.

**Kosteneinsparungen im Customer Care**
Zufriedene Kund:innen, die eine gute Erfahrung mit Ihrer Customer Journey gemacht haben, haben auch keinen Bedarf, sich beim Kundensupport zu melden oder gar zu beschweren. Hier können Sie also direkt Ressourcen einsparen und diese Budgets an anderer Stelle im Unternehmen allokieren.

**Hohe Weiterempfehlungsrate**
Ebenso sind Kund:innen, die gute Erfahrungen mit Produkten oder Dienstleistungen gemacht haben, viel eher bereit, Empfehlungen auszusprechen und so als Multiplikator:in und Evangelist:in für Ihr Unternehmen aufzutreten – und das, ohne im direkten Gegenzug etwas dafür zu verlangen, quasi aus reiner Überzeugung und Begeisterung, dass sie eine gute Erfahrung gemacht haben.

Laut der Customer-Experience-Excellence-Studie von KMPG aus dem Jahr 2019, bei der 5000 Endkunden zur Customer Experience bei 150 Unternehmen befragt wurden, steigt der Umsatz bei Unternehmen mit verbesserter Customer Journey stark an. Die Top-10-CEE-Unternehmen der Studie weisen ein fünffach stärkeres Umsatzwachstum über die letzten vier Jahre im Vergleich zu den DAX-Unternehmen aus [1].

**Was müssen Sie tun?**

1.  Behandeln Sie nicht alle Kund:innen gleich, sondern sehen Sie sie als Individuen mit unterschiedlichen Ansprüchen und Problemstellungen.
2.  Nutzen Sie ihr vorhandenes Wissen über ihre Kund:innen zu deren Wohl.
3.  Behandeln Sie Ihre Kund:innen entlang Ihrer Wertschöpfungskette so, als wären sie ein geschätztes Familienmitglied. Zeigen Sie Sympathie und gehen Sie auf die speziellen Bedürfnisse ein.
4.  Halten Sie Ihr Wort und Ihre Versprechungen und informieren Sie lieber zu viel als zu wenig.
5.  Verbessern Sie stetig Ihre Prozesse (Continuous Improvement).
6.  Kreieren Sie die Begegnungen und Erlebnisse mit Ihren Kund:innen und wertschätzen Sie die Zeit, die Ihr:e Kund:in Ihnen widmet.
7.  Sollte es zu Problemen kommen, lösen Sie diese schnell und unkompliziert. In dieser Phase ist klare Kommunikation mit den Kund:innen besonders wichtig.
8.  Kund:innen sind Könige, also behandeln Sie diese auch so. Hören Sie zu und sehen Sie in jeder Kundenkommunikation die Chance, die Kund:innen zu Stammkund:innen machen zu können.
9.  Machen Sie Ihren Mitarbeiter:innen klar, dass es keine Alternative gibt zu „Customer First".
10. Glänzen Sie gegenüber Ihren Kund:innen durch Integrität, Kompetenz und Empathie und stellen Sie Profit nicht über das Kundenerlebnis.

Die beste Customer Experience gewinnt! Selbst etablierten Unternehmen mit bekannten Marken und Produkten kann es sehr schnell passieren, dass ein Wettbewerber an ihnen vorbeizieht, weil dieser den Kund:innen ein besseres Erlebnis bietet als sie selbst. Der Wettbewerb ist meist nur einen Klick entfernt. Gute Erlebnisse sprechen sich herum und das führt sehr oft auch zu einer sehr engen Kundenbindung, in die andere Wettbewerber nicht mal eben reingrätschen können. Wichtig ist die stetige Verbesserung des Kundenerlebnisses, denn die Annahme, dass Sie irgendwann bei 100 % sind, ist nicht richtig, da sich so viele Parameter permanent ändern und Sie reagieren müssen. Das Ziel muss es sein, Ihre Kund:innen immer noch ein bisschen zufriedener zu machen, als sie es ohnehin schon sein sollten. Dann wird auch der Umsatz automatisch nachziehen.

# Literatur

1. KPMG. (2019). #CXzaehlt – Wie erfolgreiche Unternehmen exzellente Kundenerlebnisse schaffen. KPMG. |online] https://hub.kpmg.de/customer-experience-excellence-studie-2019?utm_campaign=Customer%20Experience%20Excellence%202019&utm_source=kd-tl [zugegriffen am 12.02.2022].
2. Pemberton, C. (2018). Key Findings From the Customer Experience Survey. Gartner. [online] https://www.gartner.com/en/marketing/insights/articles/key-findings-from-the-gartner-customer-experience-survey [zugegriffen am 10.02.2022].
3. Potenzialanalyse Der individuelle Kunde. (2019). Sopra Steria. [online] https://www.soprasteria.de/docs/librariesprovider2/sopra-steria-de/publikationen/studien/potenzialanalyse-der-individuelle-kunde.pdf?sfvrsn=23765adc_3 [zugegriffen am 10.02.2022].
4. Puthiyamadam, T. & Reyes, J. (2018). Experience is everything: Here's how to get it right. PwC. [online] https://www.pwc.com/us/en/advisory-services/publications/consumer-intelligence-series/pwc-consumer-intelligence-series-customer-experience.pdf [zugegriffen am 09.02.2022].
5. Schwarz, J. (2020, 19. Juni). Wie zufriedene Kunden zum Unternehmenserfolg beitragen: Wie Customer Experience Management (Mehr-)Wert für Unternehmen und Kunden generieren kann. KPMG Customer Insights. [online] https://klardenker.kpmg.de/customer-insights-hub/wie-zufriedene-kunden-zum-unternehmenserfolg-beitragen/ [zugegriffen am 11.02.2022].

# 11

## Kundenbefragung

### Wie Sie Ihren Kund:innen die richtigen Fragen stellen

Raphael Herkommer

Möchte man als Unternehmen wachsen, muss man früher oder später über neue Absatzmöglichkeiten nachdenken. Idealerweise sollte der neue Kanal mit der bisherigen Geschäftstätigkeit kompatibel sein, um Synergieeffekte zu ermöglichen. In den meisten Fällen setzt man sich also zusammen, recherchiert und diskutiert, in welche Richtung und mit welchen Produkten bzw. Dienstleistungen man wachsen könnte. Hat man die vielversprechendsten Möglichkeiten eruiert, spricht man mit den Kund:innen und bewirbt das neue Angebot: „Wir haben unsere Dienstleistung im Bereich Y ausgeweitet, besteht Interesse?" oder „Würden Sie ein Produkt kaufen, das X ermöglicht?" etc. Je nach Rückmeldung geht es in die nächste Runde der Recherche und Diskussion. Dieser Prozess ist langwierig und ineffizient. Denn Sie können auch einfach Ihre Kunde:innen „direkt" fragen, was diese brauchen und danach die Zeit nutzen, um herauszufinden, wie Sie den Bedarf mit den bestehenden Mitteln, Liefe-

R. Herkommer (✉)
CONUFACTUR GmbH
München, Deutschland
E-Mail: rh@conufactur.com

© Der/die Autor(en), exklusiv lizenziert an Springer Fachmedien Wiesbaden GmbH,
ein Teil von Springer Nature 2022
D. B. Werner et al., *Nachhaltiges Wachstum im Mittelstand*,
https://doi.org/10.1007/978-3-658-38362-6_11

ranten und Verbindungen decken können. Dabei ist es von entscheidender Bedeutung, wie Sie mit Ihren Kund:innen sprechen. In diesem Beitrag möchte ich Ihnen daher eine Herangehensweise vorstellen, die in der Literatur als „The Mom Test" bekannt ist und Ihnen dabei helfen kann, erfolgreicher zu wachsen. Es handelt sich hierbei um eine Technik, die einfachen Regeln folgt, um durch effektive Fragen Ideen schneller und neutraler zu validieren [1].

## Weniger reden, mehr fragen

Wenn Sie neue Absatzmöglichkeiten identifizieren wollen, das Wichtigste zuerst: Sprechen Sie nicht direkt über Ihre neuen Produkte, Angebote oder Ideen, die Sie entwickelt haben. Stellen Sie Fragen. Was Sie interessiert, sind Fakten aus dem Arbeitsalltag und wiederkehrende Probleme, denen Ihre Kund:innen regelmäßig begegnen. Versuchen Sie, dabei weniger zu reden als Ihr Gegenüber. Wenn Sie richtig hinhören, erfahren Sie von deren Problemen, Schwierigkeiten oder Anforderungen. Fragen Sie Ihre Kund:innen dann, wie viel Zeit und Geld es aktuell kostet, diese zu lösen. Sprechen Sie darüber, was die Auswirkungen für Ihre Kund:innen sind, um besser zu verstehen, wie dringend der:die Kund:in eine Lösung braucht. Taucht das Problem einmal im Monat, einmal im Jahr oder vielleicht jeden Tag auf? Erst relativ spät im Gespräch stellen Sie die Frage nach dem „Was". Fragen Sie, wie die Traumlösung, das Wunschprodukt/ die Wunschdienstleistung aussieht, die sich der:die Kund:in vorstellt.

An der Struktur der Fragen erkennt man: Im ersten Schritt geht es nicht um das, was der Kunde will. Wertvoll ist besonders, warum und wie dringend er ein bestimmtes Problem lösen möchte. Falls möglich, lassen Sie sich die Thematik zeigen. So erleben Sie unmittelbar, warum ein bestimmter Prozess umständlich, ein Produkt mangelhaft oder eine Dienstleistung unbefriedigend ist.

Vorsicht: Einige Probleme sind keine ‚echten Probleme'. Bringen Sie daher auch in Erfahrung, ob es schon Versuche gegeben hat, das Problem zu lösen, und wie teuer diese waren. Denn wenn bisher nicht nach einer Lösung gesucht wurde, ist es unwahrscheinlich, dass der:die Kund:in Ihre kauft. Achten Sie während des Gesprächs besonders auf drei Arten von „schlechten Informationen" und hinterfragen Sie diese:

- Generische Behauptungen, z. B.: Wir haben *immer/manchmal* oder *nie* …
  Hinterfragen mit: Wann ist es Ihnen zum letzten Mal aufgefallen?
- Hypothesen, z. B.: *Vielleicht könnten* wir …
  Hinterfragen mit: Was hält Sie bisher davon ab?
- Zukünftige Versprechungen, z. B.: *Wir würden/werden* …
  Hinterfragen mit: Warum haben Sie bisher noch nicht dieses/jenes getan?

Sollten sich die Kund:innen bereits im Gespräch bestimmte Eigenschaften der Dienstleistung oder des Produkts wünschen, haken Sie nach, warum speziell diese Eigenschaften so wichtig für sie sind und was sie ermöglichen würden. Obwohl diese Detailvorstellungen der Kund:innen wichtig sind, verharren Sie nicht bei einzelnen Features des Wunsch-Produkts, sondern versuchen Sie, das grundlegende Problem dahinter zu verstehen. Mit diesen Informationen können Sie eine (oder mehrere) unverbindliche Produkt- oder Dienstleistungsskizzen formulieren.

## Produkt-, Kunden- und Marktrisiko

Wenn Sie die Skizze herausgearbeitet haben, können Sie intern über die drei Risikobereiche sprechen, denen das neue Produkt oder die neue Dienstleistung standhalten muss:

a. Produktrisiko – Können wir dem:der Kund:in eine Lösung für sein:ihr Problem bieten?
b. Kundenrisiko – Haben wir genug Kund:innen, die ähnliche/gleiche Probleme haben?
c. Marktrisiko – Ist das Potenzial im Gesamtmarkt groß genug?

Haben Sie beispielsweise ein geringes Produktrisiko, bedeutet das, dass die Entwicklung/Herstellung oder Beschaffung des Produkts unproblematisch eingeschätzt wird. Ein geringes Kundenrisiko würde bedeuten, dass Sie Datenpunkte haben, die darauf hinweisen, dass viele Kund:innen von Ihnen eine ähnliche Lösung suchen. Bei einem geringen

Marktrisiko gibt es für das skizzierte Produkt/Dienstleistung einen ausreichend großen Markt und wenig Wettbewerb.

Ist das Produktrisiko zu hoch, können Sie die Wunsch-Lösung der
Kund:innen voraussichtlich nicht ohne größere Umstrukturierung (neue
Lieferanten, neues Branchenwissen, veränderte Logistik) anbieten. Das ist
in den meisten Fällen ein K.O.-Kriterium. Ist das Kundenrisiko hoch, gibt
es im eigenen Kundenstamm eher wenige Kund:innen, die das Produkt
brauchen. Dieses Risiko wiegt nicht ganz so schwer, denn vielleicht gibt es
in Ihrem Kundenstamm verwandte Zielgruppen, die Sie bisher nicht im
Fokus hatten. Wenn das Potenzial des Gesamtmarktes nicht besonders
groß, also das Marktrisiko hoch ist, können Sie dennoch die Frage stellen,
ob ein Nischenprodukt nicht doch Potenzial hätte. Im Zweifelsfall ist es
besser, die perfekte Lösung für eine kleinere Zielgruppe zu bieten statt einer
mittelmäßigen Lösung für den Gesamtmarkt. Wenn Sie diese Vorarbeit
geleistet haben und die Bedürfnisse Ihrer Kund:innen verstehen, können
Sie beginnen, die Verbindlichkeit Ihrer Kund:innen zu überprüfen. Dafür
eignet sich beispielsweise die Nachfrage, ob sie an einem Produkttest
o. Ä. teilnehmen möchten. Dieser Schritt ist wichtig, um zu sehen, ob die
Kund:innen es ernst meinen. Daher sollte die Prüfung der Verbindlichkeit
vor dem Start der Entwicklung des Produkts/der Dienstleistung stattfinden.

# Feedback nicht nur vom Team, sondern auch von Kund:innen

Wenn Sie mit der Entwicklung beginnen, halten Sie Ihre Kund:innen auf
dem Laufenden und ermöglichen Sie Feedback, sei es durch einen Newsletter oder regelmäßige Direktansprache. Im besten Fall laden Sie wichtige Kund:innen zum Konzept-Brainstorming ein. Fühlt sich der:die
Kund:in direkt involviert, erhöht das einerseits dessen:deren Verbindlichkeit, andererseits bekommen Sie relevantes und qualitativ hochwertiges
Feedback für Ihre Produktentwicklung. Solche Meetings sollten sich
nicht wie Pflichtveranstaltungen anfühlen, sondern Event-Charakter
haben. Verbinden Sie das gemeinsame Brainstorming mit einer Werks-
führung, einer Produktdemonstration oder sonstigen Highlights. Je mehr
Sie über die Bedürfnisse Ihrer Kund:innen wissen, desto wahrschein-

licher haben Sie Erfolg – besonders dann, wenn die Kund:innen auch in der Entwicklungsphase Input geben können.

Generell ist ein kompaktes Protokoll bei Meetings bzgl. Sortiments-erweiterung empfehlenswert, bei seltenen Entwicklungs-Meetings mit Kund:innen ist es unerlässlich. Im Anschluss an diese Meetings lohnt es sich, die geschriebenen Notizen im Team durchzugehen, um zu gewähr-leisten, dass keine wichtigen Informationen verloren gegangen sind. Die zu ergänzenden Punkte werden dann in das offizielle Protokoll über-nommen. Da nicht jede Person, die an der Entwicklung beteiligt ist, im Meeting dabei sein kann, sollte das Protokoll möglichst vielen Kolleg:in-nen zugänglich gemacht werden. Im besten Fall sprechen die Teilneh-mer:innen des Treffens mit ihren Kolleg:innen und geben zusätzlichen Kontext. Nach dem Meeting können Sie sich im Team noch die Meta-Ebene des Gesprächs anschauen, um für zukünftige Meetings dieser Art folgende Fragen zu klären:

a. Welche Fragen haben gut funktioniert, welche nicht?
b. Wie können wir das beim nächsten Mal besser machen?
c. Haben wir wichtige Signale oder Fragen übergangen?

Falls eine Meta-Analyse des Gesprächs stattfindet, übernehmen Sie die Antworten auf obige Fragen als letzten Punkt in das Protokoll [1].

## Übung macht den Meister

Diese etwas andere Art der Gesprächsführung braucht Übung, um „in Fleisch und Blut" überzugehen. Es bietet sich daher an, einige Probeläufe mit Ihrer Frau/Ihrem Mann, Ihren Kindern, Freunden oder Verwandten durchzuführen. Der berufliche Bezug ist für das Üben nicht entscheidend. Wichtig ist, dass Sie am Ende der Gespräche eine Art Liste erstellen kön-nen, auf der Sie Herausforderungen, Ziele/Wunschvorstellung und Mo-tivation der anderen ablesen können. Dann wird es für Sie einfacher zu entscheiden, welches der angesprochenen Themen am dringendsten einer Lösung bedarf (Motivation) und was diese Lösung können muss (Ziele/ Wunschvorstellung).

Damit Sie mit dem Testen der Methode gleich beginnen können, finden Sie nachfolgend einen Gesprächsleitfaden. Mit der Zeit entwickeln Sie Ihren eigenen Gesprächsablauf und die Fragen wirken immer weniger wie abgelesen:

## Generelles
- Bleiben Sie locker, das Gespräch soll kein Verhör werden.
- Weniger reden, mehr zuhören.
- Fragen Sie nach dem Arbeitsalltag des:der Kund:in.
- Achten Sie auf die Probleme des:der Kund:in.
- Erkennen und hinterfragen Sie „schlechte Informationen" (Sätze mit z. B.: immer/manchmal/nie/vielleicht/würden/werden).

## Gesprächsleitfaden
Wenn Sie ein Kundenproblem gefunden haben, beginnen Sie zu fragen:

- „Warum stört es euch und was sind die Auswirkungen?"
- „Wie geht ihr mit dem Problem/der Situation um?"
- Nachfrage: „Was habt ihr schon versucht?"
- „Welche Kosten entstehen euch dadurch?"
- „Wie oft habt ihr das Problem?"
- „Wie würde eure Traumlösung aussehen?"
- Sollte sich der:die Kund:in hier spezielle Eigenschaften wünschen, hinterfragen Sie „Warum?". Nur so verstehen Sie die Motivation hinter einem Feature.
- „Erzähl mir über das letzte Mal, als ihr das Problem hattet."
- „Wer verwaltet das Budget für den Bereich, in dem das Problem auftritt?"
- Falls möglich, lassen Sie sich das Problem direkt zeigen.

## Ziel
- Erfahren Sie so viel wie möglich über die Probleme, Sorgen, Zwänge und Ziele Ihrer Kund:innen.
- Diese Daten nutzen Sie für einen ersten Produkt-/Dienstleistungsentwurf.
- Beleuchten Sie die Produkt-, Kunden- und Marktrisiken im Team.
- Optional: Entwicklungs-Meeting mit Kund:innen planen und dokumentieren.

**Aufgabe**

Üben Sie die Fragetechnik im privaten Umfeld. Sprechen Sie mit Ihrer Frau/ Ihrem Mann, Ihren Kindern, Freunden oder Verwandten. Finden Sie heraus, was deren Herausforderungen sind. Wenn Sie sich anschließend bereit fühlen, rufen Sie einen vertrauten Kund:in an und probieren Sie die neu gelernte Gesprächsstruktur aus. Ich verspreche Ihnen, Sie erfahren etwas, das sie noch nicht wussten.

# Literatur

1. Fitzpatrick, R. (2013). The Mom Test: How to talk to customers & learn if your business is a good idea when everyone is lying to you, CreateSpace Independent Publishing Platform

# Teil IV

## Haltung

# 12

## Mindset
### Wie Sie Ihr Mindset auf Wachstum ausrichten

Daniel B. Werner

Gerade Krisen und deren Bekämpfung werden mit vielen komplexen Herausforderungen assoziiert und als Geschäftsführer:in ist man damit häufig auch unmittelbar konfrontiert. Die Komplexität erhöht sich, wenn Wachstum darüber hinaus das Ziel ist (z. B. von Gesellschafter:innen) und nicht nur der Status quo verwaltet werden kann.

In dieser Zeit gezielt neue Umsatzquellen, Optimierungseffizienzen sowie komplett neue (digitale) Geschäftsmodelle anzugehen bedarf einer Menge Mut. Eine zwangsläufig strategische Umorientierung mag sich in diesem Kontext zunächst wagemutig, vielleicht sogar halsbrecherisch anhören. Es ist jedoch nicht nur Mut vonnöten. Meiner Erfahrung nach ist vor allem die „richtige Haltung" der Entscheider:innen der wesentliche Erfolgsfaktor. Die verantwortlichen Geschäftsführer:innen brauchen eine klare und konsequente Haltung. Dies ist nicht nur durch zahlreiche Studien belegt [2, 3, 4],

D. B. Werner (✉)
CONUFACTUR GmbH
München, Deutschland
E-Mail: dbw@conufactur.com

D. B. Werner et al., *Nachhaltiges Wachstum im Mittelstand*,
https://doi.org/10.1007/978-3-658-38362-6_12

auch die erfolgreichen Beispiele aus der Praxis ermutigen dazu, sich den relevanten Fragen zu stellen und neue Sichtweisen einzunehmen.

# Die richtige Haltung

Die „richtige Haltung" – das klingt simpel! Ist es aber leider nicht. Was in der Psychologie oft als *innere Haltung* bezeichnet wird, beschreibt die Einstellung zu einer bestimmten Sache [1]. Nur was heißt das konkret? Welche Fragen muss ich mir als Geschäftsführer:in stellen? Welche Perspektiven gilt es einzunehmen?

Vermeintlich denken Geschäftsführer:innen von sich selbst: „Ich habe doch eine hervorragende Haltung!" Oft wird in diesem Zusammenhang auch der Begriff des Mindsets verwendet. Zumeist kommt auf die Frage nach der Haltung eine Antwort wie etwa: „Ich bin komplett offen für Veränderungen und habe ein growth mindset. Ansonsten wäre ich doch nicht Geschäftsführer:in, oder?"

Dazu habe ich eine kurze Anekdote für Sie. In einem meiner letzten Vorträge habe ich ganz zu Anfang das Publikum gefragt: „Wer von Ihnen hat Lust, jetzt und hier, eine kleine Aufgabe mit mir auf der Bühne zu erarbeiten?" NIEMAND meldete sich freiwillig. Mein Vortrag startete und im letzten Drittel, als es um das Thema Haltung von Unternehmern ging, fragte ich dann erneut das Publikum: „Wer von Ihnen denkt von sich selbst ‚Ich habe ein positives Wachstums- und Veränderungs-Mindset'?" Nahezu alle Teilnehmer:innen meldeten sich. Als ich mich daraufhin überrascht gab, warum sich dann niemand der kleinen Aufgabe zu Anfang gestellt hat, war die Stimmung sichtlich gedrückt.

Und genau das ist der Punkt: Nur zu sagen „Ich habe das Mindset für Wachstum!" reicht nicht. Es geht um die tatsächliche und bewusste Haltung zu neuen (Wachstums-)Themen. Es bedeutet, persönlich bereit zu sein, notwendige (persönliche) Veränderungen anzugehen und auf lange Sicht durchzuhalten – auch und gerade dann, wenn es unangenehm wird.

Ich spreche bisher nur von Unternehmenslenker:innen. Doch klar ist: Es reicht nicht, wenn nur die Geschäftsführung mit gutem Beispiel vorangeht. Auch wenn das der elementare Startpunkt ist, den es benötigt UND den Sie in Ihrer Position ganz konkret beeinflussen können. Selbstverständlich muss auch auf der zweiten und dritten Führungsebene das Bewusstsein für Haltung präsent sein und gelebt werden. Erst dann bildet sich jene Unternehmenskultur, die es braucht, um gesundes, nachhaltiges Wachstum auch in Krisen, wie die der Corona-Pandemie, voranzutreiben.

Nicht erst seit dem Start einer Pandemie im Februar 2020 habe ich den Eindruck, dass viele Mittelständler sich stets die gleichen Fragen stellen:

- Ist unser Geschäftsmodell stabil? Ist es krisensicher?
- Falls ja, ist es auch zukunftssicher?
- Was passiert mit uns nach der Krise?
- Wäre es nicht besser, lediglich die Stricke zusammenzuhalten, liquide zu bleiben und Investitionen aufzuschieben?

Angesichts der Gefahr ist der Blick auf die Chancen und Herausforderungen häufig verstellt. Nur ganz wenige Unternehmer:innen waren zu Gesprächen über neue Ansätze und (oft auch nur kleinen) Investitionen bereit. Aber es fiel auf, dass genau diese Unternehmer:innen Fragen aus einer anderen Perspektive stellten:

- Ist es schon zu spät zu investieren? Oder ist genau jetzt der richtige Zeitpunkt?
- Falls ja, in was denn? In Mitarbeiter:innen? In Maschinen? In Digitalisierung und Automatisierung?

Hier konnte ich beobachten, wie wichtig die Rückbesinnung auf die eigene innere Haltung und die eigenen Stärken für eine erfolgreiche Weiterentwicklung ist. Es ist entscheidend, dass Sie sich innovativ, schnell und leidenschaftlich (mit dem gesamten Team) den neuen Herausforderungen stellen.

## Wachstum in Krisenzeiten

Was braucht es nun konkret, um als Geschäftsführer:in auch in Krisenzeiten Wachstum zu generieren? Beziehungsweise was müssen Sie tun, um sich diese innere Haltung anzueignen?

Ich lade Sie ein, sich die folgenden Ansätze, Übungen und Gedankenexperimente anzuschauen und selbst auszuprobieren. Sie benötigen dafür nicht mehr als fünf Minuten Ihrer Zeit und einen tendenziell ruhigen Ort.

Viele unserer Kunden:innen auf Geschäftsführer:innen-Ebene haben in zahlreichen reflektierenden Prozessen, begleitet oder unbegleitet, ihre unbewussten Muster erfolgreich ins Bewusstsein gerufen. Das Ergebnis davon ist, den Weg zu ebnen, um selbst aktiv die Vorbildrolle einzunehmen sowie Ihre Organisation bestmöglich auf schwierige Situationen vorzubereiten.

---

### Reflexionsübung

**„Anfängermodus"**
Nehmen Sie die Haltung eines:einer Anfängers:in ein (im Englischen die sogenannte „beginners mind"-Übung). Ja, Sie hören richtig – schalten Sie aktiv in den Anfängermodus. Erinnern Sie sich an das letzte Mal, als Sie etwas zum ersten Mal gemacht haben? Zum Beispiel Eltern werden oder einen Vortrag halten. Stellen Sie sich beispielsweise vor, es geht darum, eine neue Sportart zu erlernen, wie das Kitesurfen. Wie gehen Sie an so eine Aufgabe heran? Was braucht es, um die neuen Bewegungsabläufe zu erlernen? Wie konzentriert und fokussiert sind Sie bei der Sache? Wo liegen die Gefahren? Was probieren Sie aus, bis Sie schlussendlich an einem Schirm mit dem Wind in Richtung Sonne surfen? Lächeln Sie über einen Fehler oder wenn Sie etwas nicht geschafft haben hinweg?

Gründer:innen kennen diesen Begriff und diese Haltung sehr gut, denn sie sind zumeist mehr oder weniger unerfahrene Anfänger:innen. Wenn aber ein:e gestandene:r Geschäftsführer:in eines mittelständischen Unternehmens mit signifikanten Umsätzen zugeben muss, dass er oder sie in dieser Krise selbst ein:e Anfänger:in ist, braucht es dazu eine gehörige Portion Selbstreflexion, Mut und die passende innere Haltung. Wer sich als Anführer:in verletzlich zeigt, zugibt, dass er oder sie auf Hilfe angewiesen ist, und dennoch Optimismus und Zuversicht ausstrahlt, der zeigt wahre Größe. Genau diese Einstellung bringt alle Ihre Mitarbeiter:innen hinter die gemeinsame Sache. Es entsteht eine Vertrauenskultur, die eine stabile Grundlage dafür ist, schwierige Herausforderungen zu meistern und zusammen erfolgreiche Lösungen zu finden.

Für die Übung beobachten Sie sich selbst und fühlen sich in diese Situation hinein. Wenn Sie diese Anfängerhaltung einnehmen und dann auf die aktuelle strategische Herausforderung blicken, die Ihrer Organisation bevorsteht – was sind die ersten Impulse und Ideen, die Ihnen einfallen? Nehmen Sie diese auf und lassen Sie sie in Ihren Strategieprozess einfließen. Diese Vorgehensweise wird Ihre Erkenntnisse stark verändern und neue Perspektiven auf bestehende Probleme eröffnen. Diese Übung lässt sich so oft, wie Sie wünschen, wiederholen, auch mit Ihrem gesamten Führungsteam.

**Reflexionsübung**

**„Die Bergtour"**
Manchmal kommt es vor, dass wir bei einer Bergtour auf halbem Weg wieder umdrehen und ganz nach unten gehen müssen, um am Startpunkt eine andere Route zu nehmen – nur um das Ziel auch wirklich zu erreichen. So schmerzhaft das auch klingt, es gibt etliche Beispiele von Unternehmer:innen, die sich nicht von ihrer Route abbringen lassen, obwohl die Zeichen klar auf Sackgasse stehen. Zum Beispiel verlieren sie konstant Kund:innen an Wettbewerber, ihr Wachstum stagniert im bestehenden Geschäftsmodell oder langgediente Mitarbeiter:innen verlassen in spürbarer Menge Ihr Unternehmen.

Gerade beim Ziel „Wachstum" bewegen Sie sich ins Neue, Ungewisse und damit außerhalb Ihrer Komfortzone. Auch hier ist die Lösung die richtige innere Haltung. Was passiert, wenn Sie sich erlauben, alles auf Anfang zu stellen? Eigene Entscheidungen müssen reflektiert werden, um sie erneut zu treffen, anzupassen oder zu revidieren. Viele Tugenden, die in den letzten Jahrzehnten als Stärke galten, wie ein bedingungsloses Durchhaltevermögen, Sturheit und Fokussierung, können in der heutigen Business-Welt fatale Schwächen sein. Es gilt, sich selbst anzupassen, offen für positive und bewusste Veränderung zu sein und vor allem sein ganzes Team auf die Reise mitzunehmen.

Bei der „Bergtour"-Übung gehen Sie bitte wie folgt vor:

1. Schreiben Sie sich innerhalb von 20 Minuten auf, welche Haltung Sie im Kontext von Wachstum und Veränderung bewusst einnehmen wollen. Nutzen Sie dafür Post its oder arbeiten Sie digital auf Ihrem Desktop.
2. Stellen Sie sich einen Termin in Ihren Kalender zu Beginn jedes Arbeitstages (Dauer 5 min) mit dem Titel „Bergtour", „Wie komme ich auf den Berg?" oder gerne auch jede andere Assoziation, die Sie daran erinnert, was Ihnen bewusst werden soll, ein.
3. Erstellen Sie außerdem ein einfaches Word-Dokument (oder alternativ eine neue Seite in Ihrem Notizbuch) mit dem Titel „Berg-Etappensiege". Notieren Sie darin alle Ereignisse Ihres Berufsalltags, in denen Sie bewusst Ihre neue Haltung anwenden konnten und damit Erfolg hatten.
4. Starten Sie mit zwei Wochen Dauer für den ersten Versuch, gerne auch länger. Wichtig dabei ist, dass Sie, falls Ihnen neue Einstellungen einfallen, Ihre Aufzeichnungen jederzeit anpassen sollten.

Diese Übung lässt sich so oft, wie Sie es wünschen, wiederholen. Selbstverständlich auch mit Ihrem gesamten Führungsteam und im nächsten Schritt auch als Inspiration für die ganze Organisation.

Die vorgestellten Reflexionsübungen erlauben eine Anpassung von innerer Haltung und Wertschätzung. Diese beginnt zuallererst mit der Veränderung bei Ihnen als Führungskraft. Wenn Sie als Führungskraft die positive Veränderung durch innere Haltung zur höchsten Priorität machen, dann signalisieren Sie unmissverständlich deren Wichtigkeit. Als logische Konsequenz kommen die freiwilligen, hungrigen, motivierten Mitarbeiter:innen und wollen sich engagieren. Denn Sie wollen Ihnen helfen, etwas noch Erfolgreicheres zu erschaffen und sich dabei selbst zu verwirklichen. Das funktioniert in einer Kultur, die Vertrauen und Haltung ins Zentrum stellt. Ein bisschen verhält es sich wie bei Start-ups, die neue Teams zusammenstellen. Gesucht wird hier der von mir oft genutzte Mitarbeiter-Projekt-Ziel-Fit. Finden Sie die Mitarbeiter:innen, die ihre Werte in Kombination mit ihrer Haltung in den Dienst eines Veränderungsprojekts stellen. Das erzeugt Wachstum, Geschwindigkeit und Nachhaltigkeit in der Umsetzung – also genau das, was Sie als Geschäftsführer:in (in Krisenzeiten) suchen und anstreben.

Sie sehen, die richtige innere Haltung ist die wichtigste Schlüsselkompetenz, wenn es um Wachstum und Veränderung geht. Zeigen Sie Mut und starten Sie bei sich selbst, es wird sich lohnen.

# Literatur

1. Anhalt, U. (2019). Innere Haltung – Psychische Resilienz. Ganzheitliche Medizin. [online] https://www.heilpraxisnet.de/ganzheitliche-medizin/innere-haltung-definition-und-bedeutung/ [abgerufen am 16.09.2021].
2. Goetzpartners (2016). Klare Haltung – Klare Richtung. [online] https://www.goetzpartners.com/fileadmin/user_upload/Publications/2016_goetzpartners_Klare_Haltung__klare_Richtung.pdf [abgerufen am 16.09.2021].
3. Lead Research Series (2015). Die Haltung entscheidet. [online] https://www.lead.berlin/fileadmin/lead/Ideas/Studies/Die_Haltung_entscheidet/LEAD_Research_Series_2015__Die_Haltung_entscheidet_Studie.pdf [abgerufen am 17.09.2021].
4. Weck, A. (2020). Entscheidend ist allein die Haltung, den Rest kann man lernen. Welt. [online] https://www.welt.de/wirtschaft/karriere/article209667745/Fuehrungskraefte-Beim-Chefsein-ist-die-richtige-Haltung-entscheidend.html [abgerufen am 16.09.2021].

# 13

# Fundament einer Unternehmenskultur

## Wie Sie die Unternehmenswerte mit dem Verhalten Ihrer Mitarbeiter:innen in Einklang bringen

Helen Kuhnle

Besonders im Mittelstand sind die Unternehmenskultur und die Führung des Unternehmens von den Werten der Gründer:innen oder Geschäftsführer:innen geprägt. Größtenteils ist die Wichtigkeit der Definition von Unternehmenswerten bereits erkannt und hoffentlich auch umgesetzt. Dennoch scheitert es in vielen Unternehmen daran, dass die Menschen nicht wissen, wie sie die Unternehmenswerte in ihrem täglichen Verhalten und Handeln anwenden sollen. Es fehlen Leitprinzipien für das konkrete Verhalten. Diese sind jedoch von hoher Bedeutung, da die richtige Haltung bzw. das richtige Mindset der Menschen in Ihrem Unternehmen der grundlegende Erfolgsfaktor dafür sind, die in der Strategie-Dimension festgelegten Maßnahmen umsetzen zu können.

H. Kuhnle (✉)
CONUFACTUR GmbH
München, Deutschland
E-Mail: hk@conufactur.com

© Der/die Autor(en), exklusiv lizenziert an Springer Fachmedien Wiesbaden GmbH, ein Teil von Springer Nature 2022
D. B. Werner et al., *Nachhaltiges Wachstum im Mittelstand*,
https://doi.org/10.1007/978-3-658-38362-6_13

Um sicherzustellen, dass alle Personen in Ihrem Unternehmen die Werte im Arbeitsalltag umsetzen, finden Sie am Ende dieses Kapitels einen Workshop-Leitfaden. Dieser unterstützt Sie bei der Herleitung und Definition von Haltungs- und Führungsgrundsätzen (oder auch Leadership/Operating Principles), basierend auf Ihren Unternehmenswerten. Damit ermöglichen Sie eine direkte Übersetzung der Unternehmenswerte in konkretes Verhalten.

## Unternehmenswerte – das Fundament Ihrer Unternehmenskultur

Die Identität Ihres Unternehmens wird maßgeblich von den Unternehmenswerten bestimmt. Sie haben Einfluss auf die Geschäftsstrategie sowie die Zielsetzung des Unternehmens und sind dadurch gleichzeitig richtungsweisend für die tägliche Interaktion mit Kund:innen und Kolleg:innen. Dadurch unterstützen Unternehmenswerte ein routiniertes Handeln, reduzieren die Komplexität im Arbeitsalltag, beeinflussen, wie Ihre Mitarbeiter:innen mit schwierigen Situationen umgehen und wie erfolgreich Ihr Unternehmen seine Ziele erreicht. Außerdem bestimmen sie den Ethos der Zusammenarbeit, das Set-up der Teams und fördern eine kooperative Arbeitsweise [4]. Wichtig dabei ist, dass die Unternehmenswerte von allen Mitarbeiter:innen akzeptiert und geteilt werden. Stimmen die persönlichen Werte und Ziele der Mitarbeiter:innen mit denen des Unternehmens überein, spricht man vom „Person-Organization Fit". Dies wirkt sich laut einer Studie von Alniaçik et al. [1] positiv auf die Zufriedenheit, das Engagement und proaktive Arbeiten der Mitarbeiter:innen aus. Zeitgleich helfen Ihnen klar formulierte Unternehmenswerte beim Auswählen neuer Mitarbeiter:innen. Daher folgen viele moderne Unternehmen dem Grundsatz: „Hire for attitude, train for skills" (Stellen Sie nach der Haltung ein, bilden Sie nach den Fähigkeiten aus). Sind keine Unternehmenswerte definiert, nehmen Diskussionen überhand, es kommt vermehrt zu Missverständnissen und Konflikten, die Arbeitszufriedenheit nimmt ab, persönliche Beziehungen leiden und das Engagement Ihrer Mitarbeiter:innen fehlt. So kann kein nachhaltiges Wachstum stattfinden.

Unternehmenswerte sind dabei nicht gleich Unternehmenswerte. Sie unterscheiden sich in Kernwerte, angestrebte Werte, „Permission-to-play"-Werte und zufällige Werte [2].

**Kernwerte** sind jene Werte, die tief in der Identität Ihres Unternehmens verankert sind und Ihr Unternehmen so von anderen abheben. Gleichzeitig bestimmen sie jede Handlung und Interaktion und beeinflussen die Arbeitseinstellung sowie die Zufriedenheit Ihrer Mitarbeiter:innen. Kernwerte beschreiben den Ist-Zustand Ihrer Unternehmenswerte und sollten so gewählt werden, dass jede Person in Ihrem Unternehmen sie versteht und im täglichen Miteinander umsetzen kann.

**Angestrebte Werte** sind Unternehmenswerte, nach denen Ihr Unternehmen derzeit nicht handelt, die aber für den Erfolg in der Zukunft wichtig sind. Beispielsweise, um eine neue Strategie zu unterstützen, einen neuen Markt zu erschließen oder neue gesetzliche Anforderungen zu erfüllen.

**„Permission-to-play"-Werte** unterscheiden sich kaum von Werten anderer Unternehmen. Sie stellen das absolute Mindestmaß an Grundwerten für die Zusammenarbeit der Menschen in Ihrem Unternehmen dar. Dazu gehören beispielsweise Respekt, Ehrlichkeit und Integrität.

**Zufällige Werte** können durch das Zusammenspiel verschiedener Persönlichkeiten spontan entstehen, obwohl sie nicht aktiv (bspw. durch die Führungskraft) gefördert wurden. In der Regel spiegeln zufällige Werte die gemeinsamen Interessen oder Persönlichkeiten der Mitarbeiter:innen des Unternehmens wider. Dabei können diese die Zusammenarbeit sowohl positiv (z. B. Schaffen einer inklusiven Atmosphäre) als auch negativ (z. B. Ausschluss neuer Möglichkeiten) beeinflussen. Ist Letzteres der Fall, gilt es jedoch, diesen Unternehmenswert schnellstens zu beseitigen.

Des Weiteren ist es essenziell zu beachten, was Ihr Unternehmen wirklich ausmacht und Authentizität kreiert, um die Glaubwürdigkeit Ihres Unternehmens nicht aufs Spiel zu setzen. Ein gutes Beispiel ist häufig der Wert „Nachhaltigkeit". Ist dies ein Kernwert, der in Ihrem Unternehmen bereits aktiv gelebt wird? Beispielsweise durch das schon immer verwendete nachhaltige Geschirr anstelle von Plastik. Oder ist es ein angestrebter Wert und Sie planen, in Zukunft auf Plastikgeschirr bei Workshops zu verzichten, haben dementsprechend aber auch schon Maßnahmen eingeleitet und in Kraft gesetzt? Ist dies nicht der Fall, dann sollten Sie auf die Kommunikation dieses Wertes verzichten. Im schlimmsten Fall kann dies sonst zu Unzufriedenheit und Vertrauensverlust der Mitarbeiter:innen und auch Kund:innen führen.

# So machen Sie Ihre theoretischen Werte zur gelebten Praxis

Definierte Unternehmenswerte sind in einem Großteil der Unternehmen vorhanden. Häufig bleiben sie jedoch eine einmalige Maßnahme und verstauben nach der Formulierung auf der Webseite, an der Wand in der Eingangshalle oder auf dem Schreibtisch der Führungskräfte. Um die Unternehmenswerte aktiv im Unternehmen zu leben und ein vertrauensvolles Klima zu schaffen, braucht es daher passende Haltungs- und Führungsgrundsätze (oder auch Leadership/Operating Principles), die den Menschen in Ihrem Unternehmen aufzeigen, wie die Unternehmenswerte täglich konkret umgesetzt werden können. Sie beschäftigen sich demnach mit dem alltäglichen Verhalten Ihrer Mitarbeiter:innen.

Dabei wird zwischen Leadership und Operating Principles unterschieden. Die Leadership Principles beschreiben, wie Führungskräfte die Unternehmenswerte im Arbeitsalltag erfüllen und anwenden können. Dahingegen gelten Operating Principles oder auch Haltungsgrundsätze für alle Mitarbeiter:innen in einem Unternehmen. Da manche Unternehmen jedoch die Philosophie verfolgen, alle Mitarbeiter:innen als Führungskräfte zu betrachten, ist die Unterscheidung häufig nicht trennscharf. Daher wird in diesem Kapitel entweder von Haltungs- und Führungsgrundsätzen oder Leitprinzipien gesprochen.

Zur Definition dieser Leitprinzipien reichen jedoch keine Stichworte. Es sind spezifische Situationen vonnöten, anhand derer das gewünschte Verhalten demonstriert werden kann. Im Rahmen des folgenden Beispiels verdeutliche ich Ihnen die Wichtigkeit der Definition von konkret umsetzbaren Verhaltensweisen.

Denken Sie an den Wert „Offenheit". Leiten Sie daraus den Führungs- und Haltungsgrundsatz „Wir sind offen" ab, ist dies nicht konkret. Hier gilt es sich nun also zu fragen: Was bedeutet das konkret für unser Unternehmen? Wie zeigt sich das in unserem Verhalten? Was kann jeder Einzelne von uns tun? Was können wir als gesamtes Team dazu beitragen? Wie stellen wir sicher, dass wir daran festhalten? Und wie können wir uns gegenseitig dabei unterstützen?

Nach Beantwortung der Fragen erhalten Sie eventuell folgendes Leitprinzip: „Wir gehen Aufgaben offen und optimistisch an." Um dies jedoch noch verständlicher zu machen, gilt es, den Grundsatz klar zu definieren (mehr dazu in Schritt 6 des Leitfadens).

Ein weiterer Wert, der häufig von Unternehmen genutzt wird, ist „Vertrauen". Auch hier stellt sich als Mitarbeiter:in schnell die Frage: Wie kann ich das im Arbeitsalltag umsetzen? Ein Beispiel hierfür wäre: „Wir arbeiten hilfsbereit und transparent miteinander." Dahinter steht jedoch noch viel mehr: beispielsweise das Einhalten unserer Versprechen, eine offene und respektvolle Zusammenarbeit, Transparenz und Zusammenhalt.

## Workshop-Leitfaden

Um gemeinsame Leitprinzipien zu schaffen, die die Menschen in Ihrem Unternehmen dabei unterstützen, die Unternehmenswerte täglich umzusetzen, empfiehlt sich ein Workshop mit professioneller Moderation. Dies ist aber kein Muss. Anhand des folgenden Leitfadens können Sie mithilfe von sechs Schritten Ihre Haltungs- und Führungsgrundsätze auch ohne externe Hilfe erarbeiten:

### 1. Ist-Analyse
Reflektieren Sie die aktuelle Situation: Was sind die Besonderheiten und Charakteristika der heutigen Arbeitsmethoden und der Unternehmensführung? Versuchen Sie, möglichst viele verschiedene Perspektiven einzubeziehen, und sorgen Sie für eine offene und nicht wertende Atmosphäre, um eine breite Sammlung von Verhaltensweisen zu erhalten. Um dies zu ermöglichen, ist es sinnvoll, die Ergebnisse zunächst in Einzelarbeit zu notieren.

Dabei sollten folgende Fragen beantwortet werden:

- Was macht uns einzigartig? (Perspektive Wettbewerber)
- Was kennzeichnet die Art und Weise, wie wir arbeiten und zusammenarbeiten? (Perspektive Teamwork)
- Was sagen unsere Kund:innen/Lieferanten/Partner:innen über uns? (Perspektive Stakeholder)

Sammeln Sie anschließend die Ergebnisse. Diskutieren und ergänzen Sie die Ergebnisse und prüfen Sie, ob sich Vorschläge zusammenfügen lassen.

## 2. Zukunftsszenario I
Machen Sie ein Brainstorming, welche Verhaltensweisen für das Unternehmen in Zukunft hilfreich sein werden, um den langfristigen Erfolg zu sichern. Analysieren Sie sowohl die Kundenanforderungen als auch die ideale Team-Konstellation.

Dabei können Ihnen folgende Fragen helfen:

• Formulieren Sie Ihr absolutes Traum-Kunden-Feedback: Wie würde eine Kundenbewertung aussehen, die Sie wirklich glücklich machen würde?
• Beschreiben Sie Ihr absolutes Dreamteam. Welche Einstellung und welches Verhalten machen Ihrer Meinung nach den perfekten Mitarbeiter/die perfekte Mitarbeiterin aus?

Sammeln Sie die Ergebnisse anschließend erneut ohne Regeln und prüfen Sie, ob sich Vorschläge zusammenfassen lassen.

## 3. Zukunftsszenario II
Denken Sie im Team über gesellschaftliche Entwicklungen, strategische Ziele und unternehmerische Herausforderungen nach und leiten Sie Prinzipien ab, die das zukünftige Handeln und die Zusammenarbeit beeinflussen.

Folgende Fragen sollten Sie sich in diesem Schritt stellen:

• Wo wollen wir als Unternehmen hin?
• Welche Trends/Besonderheiten/gesellschaftlichen Entwicklungen betreffen uns?
• Mit welchen Anforderungen und Herausforderungen werden wir konfrontiert sein?

## 4. Cluster

Betrachten Sie die Leitprinzipien, die Sie in den ersten drei Schritten gesammelt haben. Wo sehen Sie Überschneidungen? Was doppelt sich? Ist etwas nicht verständlich? In den meisten Fällen sind Überschneidungen nicht zu vermeiden. Sie werden feststellen, dass einige Leitprinzipien immer greifen, während andere Prinzipien mit einem bestimmten Kontext verbunden und dadurch sehr situationsabhängig sind. Prüfen Sie jedoch immer, ob Sie dennoch beide Prinzipien stehen lassen wollen. Prinzipien, bei denen Uneinigkeit herrscht, werden direkt zur Seite gelegt.

## 5. Auswahl der Haltungs- und Führungsgrundsätze

Entscheiden Sie im Vorfeld, ob Ihr Team die gemeinsamen Haltungs- und Führungsgrundsätze des Unternehmens auswählen soll oder ob Sie die finale Auswahl mit Ihrem Managementkreis oder gar alleine treffen möchten. Mithilfe einer Abstimmung können Sie Leitprinzipien priorisieren und die wichtigsten auswählen. Dabei kann es hilfreich sein, schon vorab zu entscheiden, wie viele Prinzipien in die endgültige Auswahl aufgenommen werden sollen.

## 6. Definition der Leitprinzipien

Ihre gemeinsamen Leitprinzipien sollten nicht nur bloße Theorie sein, die auf Ihrer Website verstaubt, sondern als Grundlage für Einstellungen, Feedback-Gespräche und strategische Entscheidungen dienen. Daher ist es notwendig, dass Sie definieren, was die Grundsätze konkret bedeuten, wie sie Handlungen und Entscheidungen beeinflussen sollen, was sich ändern muss und wie die Grundsätze zur Praxis werden können.

Zur Definition der Leitprinzipien dient folgendes Schema:

- Titel
- Verständnis (in einem Satz)
- Übererfüllt (Mit welchem Verhalten ist das Prinzip übertrieben?)
- Untererfüllt (Mit welchem Verhalten ist das Prinzip untertrieben?)
- Bedeutung für die Mitarbeiter:innen
- Bedeutung für die Führungskräfte

Nachdem Sie in Ihrem Unternehmen gemeinsame Haltungs- und Führungsgrundsätze definiert haben, ist es essenziell, diese an die komplette Belegschaft zu kommunizieren. Denn sie sind nur sinnvoll, wenn jede Person in Ihrem Unternehmen – von der Führungskraft bis zu den neu eingestellten Mitarbeiter:innen – diese Leitprinzipien beachtet und im Arbeitsalltag lebt [3]. Dabei ist vor allem das authentische Verhalten der Führungskräfte während jeder Interaktion von besonderer Bedeutung. Sie agieren hierbei als Vorbilder.

Einmal richtig definiert und kommuniziert, bieten Ihnen Haltungs- und Führungsgrundsätze außerdem eine hervorragende Grundlage für detailliertes, einheitliches und vor allem konstruktives Feedback. Dabei sollte jedoch nicht Perfektion erwartet werden. Jeder macht Fehler und wird früher oder später einmal außerhalb der Leitprinzipien handeln. Ist dies der Fall, ist es von enormer Bedeutung, den Fehltritt einzusehen, sich dafür zu entschuldigen und mit neuem Commitment weiterzumachen.

## Literatur

1. Alniaçik, E.; Alniaçik, Ü.; Serhat, E.; Akçin, K. (2013). Does person-organization fit moderate the effects of affective commitment and job satisfaction on turnover intentions?. *Procedia – Social and Behavioral Sciences.* 99. 274–281.
2. Lencioni, P. M. (2002). Make your values mean something. *Harvard Business Review.* verfügbar unter: https://hbr.org/2002/07/make-your-values-mean-something. [zugegriffen am 23.09.2021].
3. Plantes, M. K.; Finfrock, R. (2009). *Beyond Price: Differentiating Your Company in Ways That Really Matter.* Austin, TX: Greenleaf Book Group Press.
4. Staubus M.; Lynch, R. P. (2010). *Building a System of Trust: Ten Hidden Secrets of Success in Employee-Owned Companies.* The Beyster Institute. *Verfügbar unter:* https://cleo.rutgers.edu/articles/building-a-system-of-trust-ten-hidden-secrets-of-successin-employee-owned-companies/. [zugegriffen am: 23.09.2021].

# 14

# Wachstums- und Kulturindikator

## Wie Sie Ihre Unternehmenskultur messen können

Raphael Herkommer

Messbarkeit spielt in unserem Leben eine zentrale Rolle und umgibt uns seit dem Tag unserer Geburt. Kaum auf der Welt, werden wir schon gewogen, getestet und vermessen. Im Kindergarten werden unsere Entwicklungsschritte beobachtet und erfasst. In der Schule und im Studium messen Noten unsere Leistung, bestimmen über die Versetzung und lenken so unsere Zukunft in entsprechende Bahnen. Später werden Umsatz- und Gewinnzahlen für viele Menschen Synonyme für unternehmerischen Erfolg und die Gesundheit eines Unternehmens oder eines Teams. Wir befinden uns also in einer Zeit, in der nur Messbares relevant zu sein scheint.

Bleiben wir einen Moment bei dem Beispiel der Schule. Vielleicht hatten Sie selbst schon den Gedanken, sicherlich kennen Sie aber die Aussage von Schüler:innen und Eltern: „Noten sind nicht alles." Und es ist durchaus korrekt, dass beispielsweise Noten äußerst subjektiv sind.

R. Herkommer (✉)
CONUFACTUR GmbH
München, Deutschland
E-Mail: rh@conufactur.com

© Der/die Autor(en), exklusiv lizenziert an Springer Fachmedien Wiesbaden GmbH, ein Teil von Springer Nature 2022
D. B. Werner et al., *Nachhaltiges Wachstum im Mittelstand*,
https://doi.org/10.1007/978-3-658-38362-6_14

Ein und derselbe Aufsatz einer Schüler:in wird von unterschiedlichen Lehrer:innen unterschiedlich bewertet. Sogar eine so bekannte Messung wie der Intelligenzquotient (IQ) wird kritisiert. Intelligenztests – und damit die allgemein verwendete Definition von Intelligenz als die Anzahl geistiger Fähigkeiten – wird generell als problematisch betrachtet, weil Personen aus niedrigen sozialen Schichten oder aber anderen Kulturkreisen benachteiligt werden [2, 4].

An diesen Beispielen ist ersichtlich, dass das Umfeld und dessen psychosoziale Bedingungen eine große Rolle spielen, wie gut, erfolgreich und leistungsfähig jemand ist bzw. werden kann. Solche multidimensionalen Bedingungen sind jedoch schwer zu erfassen oder gelten sogar als nicht messbar. So verhält es sich auch bei Organisationen. Unternehmen können auf dem Papier erfolgreich sein und dennoch große Schwierigkeiten haben. Ein Beispiel hierfür ist der amerikanische Spieleentwickler Activision Blizzard. Trotz einer Unternehmensbewertung von mehr als 50 Milliarden US-Dollar, verließen die Mitarbeiter:innen während des Arbeitstages in Massen das Firmengebäude zum Streik. Die toxische Unternehmenskultur, die dadurch offengelegt wurde, war so katastrophal, dass sich Activision Blizzard sogar vor einem Gericht verantworten musste [6].

Natürlich spüren das auch Anleger:innen und Kund:innen. Der Preis der Aktie hat sich beinahe halbiert und die Produktentwicklung geriet massiv ins Stocken, viele Mitarbeiter:innen kündigten. Es ist also im Interesse von Mitarbeiter:innen und Führungskräften, einen messbaren Hinweis zu bekommen, wie es um die eigene Firmenkultur steht. Mittlerweile gibt es eine stabile Datenlage, die bestätigt, dass die Firmenkultur unmittelbare und reale Auswirkungen auf den Erfolg einer Unternehmung hat. Wenn man als Unternehmen also wachsen will, sollte die Gestaltung einer positiven Unternehmenskultur zur Chefsache werden. Sie wären hier in bester Gesellschaft. Eine Befragung Anfang 2021 von weltweit 500 Vorstandschefs, darunter 50 aus großen deutschen Unternehmen, zeigt: Firmen, die Unternehmenskultur an erster Stelle der Erfolgsfaktoren sehen, erzielen ein doppelt so hohes Wachstum wie die, die das nicht tun [3].

Es wird also immer deutlicher, dass weiche und somit schwer messbare Faktoren wie die Unternehmenskultur einen größeren Einfluss auf die Geschicke eines Unternehmens haben als vielleicht erwartet. Ein Beispiel für eine wertschätzende und positive Unternehmenskultur findet sich bspw. bei der Granini GmbH, einem bekannten Getränkehersteller. Für Ex-Geschäftsführer Heribert Gathof war klar, dass Kultur nicht verordnet oder gar durchgesetzt werden kann, sondern von Mitarbeiter:innen gelebt werden sollte – nur dann bringt sie der Organisation etwas.

Er hält Mitarbeiter:innen für viel klüger, als Vorgesetzte in der Regel glauben. Das bewies er, indem er Mitarbeiter:innen eng in Strategiefragen eingebunden hat, sogar in millionenschwere Investitionsentscheidungen. Gathof bildete im Jahr 2000 ein interdisziplinäres und aus allen Hierarchieebenen zusammengesetztes Team, das eine Fünf-Jahres-Strategie erarbeiten sollte. Erwartungsgemäß kamen Mitarbeiter:innen auf Ideen, die das Managementteam nicht hatte. Auch die Akzeptanz der neuen Strategie war durch die direkte Beteiligung der Belegschaft außergewöhnlich hoch. Das Ergebnis kann sich sehen lassen: Eckes-Granini Deutschland erreichte in den darauffolgenden Jahren ein Umsatzwachstum von 70 Prozent [7].

Wenn man solche Beispiele liest, steigt natürlich auch der Wunsch, mehr über die eigene Unternehmenskultur zu erfahren. Hier hat sich in den letzten Jahrzehnten eine ganze wissenschaftliche Disziplin entwickelt. Es gibt Fragebogen in den unterschiedlichsten Ausformungen, manche fokussieren sich auf beobachtbare Praktiken, andere auf Werte usw. Einige bekannte Vertreter sind z. B.:

- Organizational Culture Profile (OCP)
- OASIS Culture Questionnaire
- Organizational Culture Questionnaire (OCQ)
- Organizational Culture Survey (VdP)
- Organizational Culture Inventory (OCI)
- Culture Types (CT)-Fragebogen

Man erkennt schon an den Namen: Die meisten Instrumente stammen zumeist aus dem angloamerikanischen Raum. Viele der bestehenden Messinstrumente sind leider teuer, schwer verständlich oder unpraktisch anzuwenden bzw. auszuwerten. Unternehmer:innen, Personalbeauftragte oder Teamleiter:innen sind mit der Tiefe der Informationen oft überfordert, was auch die Ableitung von Maßnahmen zu einer Herausforderung macht.

Aufgrund dessen und aufgrund der Relevanz der Firmenkultur für Wachstum und Veränderung im Mittelstand haben meine Kolleg:innen und ich eine kostenlose, einfache und schnelle Alternative entwickelt, um dabei zu helfen, zwei ganz grundlegende Fragen zu beantworten:

- Wie steht es um die Kultur meines Unternehmens oder meines Teams?
- In welchen Bereichen haben wir Nachholbedarf?

## Die vier Faktoren des WKI

Diesen Online-Fragebogen haben wir Wachstums- und Kultur-Indikator (WKI) genannt, er besteht aus 26 leicht verständlichen Aussagen, die man von „Trifft voll und ganz zu" bis „Trifft überhaupt nicht zu" für sich einordnen muss. Zusammen mit dem Ergebnis erhalten die Proband:innen eine Einladung zu einem persönlichen Gespräch, in dem wir bei der Interpretation der Daten und Maßnahmenauswahl unterstützen können.

Wie schon an den existierenden Messinstrumenten zu sehen, hat Unternehmenskultur viele Faktoren. Bei der Entwicklung des WKI haben wir uns auf vier wachstumsrelevante Konstrukte fokussiert:

### 1. Psychologische Sicherheit

Amy Edmondson, Professorin an der Harvard Business School im Fachbereich Führung, veröffentlichte Ende 2018 ein Buch mit dem Titel: *The Fearless Organization – Creating Psychological Safety in the Workplace for Learning, Innovation and Growth* [1]. Darin definiert sie psychologische Sicherheit am Arbeitsplatz als „das Wissen, dass man nicht bestraft oder gedemütigt wird, wenn man sich mit Fragen, Kommentaren, Bedenken oder Fehlern zu Wort meldet" (S. 15). Psychologische Sicherheit ist sozusagen das Fundament für eine wachstums- und veränderungsbegünstigende Kultur (siehe hierzu Kap. 16 Psychologische Sicherheit).

Das Wissen, dass die Kolleg:innen im Speziellen und die Organisation im Allgemeinen mit Fragen, Bedenken oder Fehlern wertfrei umgeht, kann ungeahnt positive Dynamiken freisetzen. Prof. Edmondson konnte nachweisen, dass Mitarbeiter:innen in psychologisch sicheren Teams diverse Ideen zulassen, mehr Umsatz generieren, doppelt so häufig von

Vorgesetzten als effektiv gewertet werden und weniger häufig das Unternehmen verlassen.

**2. Vertrauen und Wertschätzung**
Der Gallup-Studienreihe zufolge motiviert Mitarbeiter:innen nichts mehr als authentische Wertschätzung [5]. Natürlich sind Gehalt, Struktur und die physische Arbeitsumgebung auch relevant, am nachhaltigsten ist jedoch die Wertschätzung einer konkreten Leistung. Hierzu sei gesagt, dass Wertschätzung oft mit Lob verwechselt wird. Lob wäre bspw. die Aussage: „Gut gemacht." oder „Sehr schön, weiter so!", wertschätzender ist hingegen: „Mir ist aufgefallen, wie sehr du dich in das letzte Projekt reingehängt hast. Besonders der souveräne Umgang mit kritischen Fragen in der Abschlusspräsentation hat mich beeindruckt. Du kannst stolz auf dich sein!" Der Unterschied ist recht leicht zu erkennen.

Ein Gefühl von Vertrauen zwischen den Kolleg:innen und zur Führung sind weitere kulturelle Stabilisatoren von wachsenden und sich verändernden Unternehmen. Mitarbeiter:innen kann die Möglichkeit gegeben werden, Aufgaben selbst strukturell auszugestalten. Sie können dann bspw. selbst entscheiden, wann, wie und mit wem sie ein Projekt bearbeiten. Dabei sollte immer klar sein, dass Hilfe oder Orientierung jederzeit eingefordert werden darf. Das führt dazu, dass Kolleg:innen selbstständiger sowie angstfreier arbeiten und damit auch ein stärkeres Verantwortungsgefühl zur Aufgabe entwickeln.

**3. Veränderungsbereitschaft**
Dieser Faktor ist relativ einfach erklärt: Die Veränderungsbereitschaft im WKI misst, inwieweit die Belegschaft bereit ist, Veränderungen in der organisatorischen Struktur, dem eigenen Aufgabenbereich oder Team in Kauf zu nehmen, um sich den Marktgegebenheiten anzupassen. Ist die Veränderungsbereitschaft gering, weist dies auf Ängste, Widerstände und Blockaden hin, bei hoher Ausprägung dagegen auf Selbstvertrauen, Mut und Flexibilität. Veränderungen, egal welcher Art, bedeuten für die meisten Menschen erst einmal Stress. Gegen diese unangenehmen Gefühle helfen eine möglichst transparente und frühe Kommunikation sowie die Möglichkeiten der Mitarbeiter:innen, die Veränderung zu beeinflussen.

## 4. Loyalität

Ob die Mitarbeiter:innen bereit sind, auch in schwierigen Phasen zur Organisation zu stehen, oder ob sie beim ersten besseren Angebot die Organisation verlassen, darüber soll der Faktor Loyalität Auskunft geben. Hier wird auch erfragt, wie sich die Mitarbeiter:innen über den:die Arbeitgeber:in äußern: Wird die Organisation als gute Arbeitgeberin beschrieben, für die man gerne längerfristig arbeitet, oder empfindet man seine Stelle nur als Durchgangsstation? Mit dem Mitarbeiterstamm langfristig planen zu können erleichtert langfristige Projekte und reduziert Einstellungs- und Einarbeitungskosten. Wichtige Kennzahlen, wenn es um Wachstum und Veränderung geht.

Mit diesen vier Dimensionen arbeitet der WKI und ist daher als Indikator zu sehen. Er kann für die Organisation ein erster Anhaltspunkt sein, wie das Team bzw. die Organisation kulturell dasteht und ob die Organisation, für die notwendigen Veränderungen und das gewünschte Wachstum, gut aufgestellt ist.

Zum Schluss sei erwähnt: Was die Firmenkultur angeht, hat der Mittelstand vielleicht sogar einen unfairen Vorteil. Oftmals stehen sich die Mitarbeiter:innen in kleinen und mittleren Unternehmen (KMU) näher. Das kann Kommunikation und Konfliktlösung erleichtern. Auch die kulturellen und sozialen Hintergründe sind meist homogener im Gegensatz zu global agierenden Konzernen. Es lohnt sich also, hier genauer hinzuschauen, da bei KMU mit wenig Aufwand großer Nutzen erzielt werden kann.

---

**Aufgabe**

Messen Sie selbst, ob Ihre Kultur Wachstum und Veränderung begünstigt oder erschwert. Mit unserem Kurzfragebogen WKI finden Sie heraus, wo Sie stehen und ob es Handlungsbedarf gibt: https://www.conufactur.com/wachstums-und-kulturindex.

# Literatur

1. Edmondson, A. (2018). The fearless organization – Creating Psychological Safety in the Workplace for Learning, Innovation and Growth. Hoboken, NJ: Wiley & Sons Inc.
2. Eysenck, H. J. (1975). Die Ungleichheit der Menschen. München: List Verlag. S. 244 ff.
3. Gailey, R. & Johnston, I. & LeSueur, A. (2021). Aligning Culture with the Bottom Line – How Companies Can Accelerate Progress. Heidrick & Struggles International Inc. [online] https://www.heidrick.com/en/insights/culture-shaping/Aligning-Culture-with-the-Bottom-Line-How-Companies-Can-Accelerate-Progress [zugegriffen am 15.12.2021].
4. Gerrig, R. J. & Zimbardo, P. G. (2008). Psychologie – Bearb. v. Ralf Graf (18., aktualisierte Aufl.). München: Pearson Studium. S. 344–353.
5. Nick, M. (2014): Engagement Index: Die neuesten Daten und Erkenntnisse aus 13 Jahren Gallup-Studie. Münchner Verlagsgruppe, Redline Verlag.
6. Paul, K. (2021). Activision Blizzard scandal a 'watershed moment' for women in the gaming industry. Guardian News & Media Limited. [online] https://www.theguardian.com/technology/2021/aug/08/activision-blizzard-lawsuit-women-sexual-harassment [zugegriffen am 15.12.2021].
7. Purps-Pardigol, S. (2016). Das Geheimnis gelungener Führungskulturen. Human Resources Manager. [online] https://www.sebastian-purps-pardigol.com/dateien/HRM_Das_Geheimnis_gelungener_Fuehrungskulturen.pdf [zugegriffen am 12.12.2021].

# 15

# Raus aus der Komfortzone

## Das Change 1x1 für Geschäftsführer.innen

Daniel B. Werner

Wenn Sie diesen berühmten, sehr kurzen, Satz als Geschäftsführer:in noch nie gehört haben, können Sie sich in der Tat glücklich schätzen: „*Liebe:r Chef:in, das funktioniert bei uns sicher nicht.*“ Diese Aussage ist so alt wie die Veränderung selbst. In diesem Zusammenhang fällt in meinen Gesprächen auch oft der Begriff der „Komfortzone“. Niemand bewegt sich gerne freiwillig aus der Komfortzone. Und dennoch ist es genau das, was passieren muss, wenn eine Veränderung stattfinden soll. Egal ob im persönlichen oder beruflichen Kontext, es gilt, diese Anfangsbarriere so schnell und effizient wie möglich zu überwinden, um den gewünschten Veränderungsprozess ins Rollen zu bringen – vor allem mit dem Ziel, ein positives Ergebnis zu erzielen, z. B. die Produktivität der gesamten Organisation nachhaltig zu erhöhen.

Es stellt sich die offensichtliche Frage: Woran liegt das?

Aus Sicht des Einzelnen ist es leicht erklärbar. Dieser an sich so einfache Satz ...

D. B. Werner (✉)
CONUFACTUR GmbH
München, Deutschland
E-Mail: dbw@conufactur.com

© Der/die Autor(en), exklusiv lizenziert an Springer Fachmedien Wiesbaden GmbH, ein Teil von Springer Nature 2022

D. B. Werner et al., *Nachhaltiges Wachstum im Mittelstand*,
https://doi.org/10.1007/978-3-658-38362-6_15

- … kommt sehr schnell über die Lippen, da er über Jahre erlernt wurde.
- … ist kaum widerlegbar, weder als externer noch als interner „Veränderer", da niemand die Zukunft voraussagen kann.
- … dient als Schutzschild. Akteure können sich gut dahinter verstecken, um eben gerade nicht aus der Komfortzone kommen zu müssen.

Anders formuliert ist es ein Abwehrmechanismus, welcher das Individuum in Sicherheit wiegt – allerdings in „falscher" Sicherheit. Denn Veränderung ist sowohl im privaten als auch im Business-Kontext unausweichlich. Und dennoch wird alles getan, um vor sich selbst zu argumentieren, warum nicht dem neuen Prozess gefolgt, sondern lieber den eingetretenen Pfaden Aufmerksamkeit geschenkt wird.

Veränderung bedeutet stets, Dinge anders zu machen, als sie bisher passiert sind. Und Veränderung setzt dabei auch immer direkt Widerstandskräfte frei. Widerstände vor allem von denjenigen, die bisher einen guten Weg gefunden haben, sich im alten System zurechtzufinden, ohne ihre Energieaufwände völlig auszuschöpfen. Wenn dann aus diesen Reihen der immer gleiche Satz folgt: „Das funktioniert bei uns sicher nicht, glauben Sie mir!", ruft es die gleichen Reaktionen bei Führungskräften und Change-Expert:innen hervor: 1) entweder die andauernde Frustration und schlussendlich Resignation oder im positiven Fall 2) die Herausforderung ist angenommen!

Noch einmal kurz rekapituliert: Es hängt zusammenfassend alles mit der individuellen Komfortzone zusammen. Wie ist es also für Menschen möglich, diese Zone oft und zügig zu verlassen? Wie sollte vorgegangen werden, dass die Veränderung leicht von der Hand geht, sodass möglichst alle, zumindest aber die relevanten Stakeholder die Beweggründe unterstützen, damit die Veränderung ein nachhaltiger Erfolg wird?

## Wie Sie Ihre Mitarbeiter:innen unterstützen können

Es geht darum, dass Sie als Führungskraft dabei helfen, drei elementare Ängste zu überwinden:

**1. Die Angst vor dem Versagen**

Mit beruflichen Veränderungen verbinden viele ausschließlich Negatives. Zeigen Sie deutlich die Chancen und Vorteile auf, welche die jeweilige Veränderung mit sich bringt.

**2. Die Angst vor der (Über-)Anstrengung**

Das Anstrengungsniveau in der Komfortzone ist gering. Die Struktur und die Abläufe des Workloads sind bekannt. Ein Austreten aus dieser Zone bedeutet in jedem Fall mehr Mühe und Einsatz. Versuchen Sie, möglichst transparent, große Veränderungen in kleine, leicht ausführbare Teilschritte zu strukturieren.

**3. Die Angst vor Zurückweisung**

Wer sich in eine gewisse Thematik gut eingearbeitet sowie sein Wissen, eigene Talente und Fähigkeiten unter Beweis gestellt hat, genießt bei seinen Kolleg:innen ein hohes Ansehen. Verbünden Sie sich mit diesen Traditionalist:innen. Erklären Sie, dass ihr aufgebautes Expertenwissen auch in die neue Lösung fließen soll, und holen Sie sie somit an Bord.

Im Kontext der Veränderung empfiehlt sich auch folgende kurze Anekdote: Die Geschichte vom Frosch im Topf.

In der Fachliteratur ist sie auch bekannt als „Boiling Frog Syndrom". Das Gleichnis lautet folgendermaßen: Versucht man, einen Frosch in heißes Wasser zu setzen, wird er sofort wieder herausspringen. Obwohl Frösche Kaltblüter sind und ihre Körpertemperatur der Umgebung anpassen, spürt er unmittelbar die Gefahr für Leib und Leben. Ganz anders, wenn man einen Frosch in einen Topf mit kaltem Wasser setzt und diesen langsam erwärmt. Obwohl es für den Frosch darin immer unbequemer wird, bleibt er sitzen und passt sich an.

Bei anstehenden Veränderungsmaßnahmen werden sich Ihre Mitarbeiter:innen oft ähnlich wie der Frosch verhalten. Sobald sie sich akklimatisiert und mit ihrem Umfeld, ihren Kolleg:innen und Vorgesetzten arrangiert haben, harren sie aus – und das, obwohl sie bemerken, dass die Bedingungen um sie herum immer schlechter werden. Das bedeutet, dass Veränderung notwendig ist. Wenn Sie also feststellen, dass Ihre Mitarbeiter:innen in einem heißen Kochtopf sitzen und lieber verbrennen, als sich

Prüfen Sie Verhaltens- und
Leistungsanreize umfassend & passen Sie
diese ggf. an

Stellen Sie sicher, dass die "Verlierer" des
Prozesses einen fairen Ausgleich bekommen

Stellen Sie alle
notwendigen Ressourcen bereit

Ermöglichen Sie schnelle Erfolge

Beziehen Sie Kritiker mit ein und holen
Sie sich Feedback zur Veränderung ein

Stellen Sie sicher, dass die wichtigsten
Entscheidungsträger & Stakeholder-Gruppen bei der
Entwicklung der Konzepte mitwirken

Beachten Sie Interdependenzen

Etablieren Sie eine
schlagkräftige Kerntruppe

Verwenden Sie bewährte &
anschlussfähige Methoden

Achten Sie auf eine schlüssige
Strategie und stimmen Sie das
Veränderungskonzept mit allen
Beteiligten ab

Sorgen Sie für eine dichte
Informationsstruktur

Stellen Sie sicher, dass die Ziele des
Change-Prozesses allen Beteiligten
restlos klar sind

CONUFACTUR

**Abb. 15.1** Change-Management-Erfolgsfaktoren © CONUFACTUR 2022. All Rights Reserved

zu verändern, dann unterbinden Sie Killerphrasen und Scheinargumente. Viele dieser Ausreden klingen plausibel – auf Dauer führen sie jedoch in eine Katastrophe. Lassen Sie es also erst gar nicht so weit kommen!

Es geht als Unternehmensleiter:in zusammen mit Veränderungsexpert :innen (intern und/oder extern) darum, die drei oben beschriebenen Ängste zu benennen, die Fakten dazu aufzuzeigen und diese intensiv zu diskutieren, um schlussendlich gemeinsam mit den Betroffenen Lösungsstrategien zu definieren.

Um diesen Prozess zu vereinfachen, biete ich Ihnen einen Veränderungsfahrplan mit zwölf konkreten „Stationen" an, den Sie zu Hilfe nehmen können. Hangeln Sie sich daran entlang, steigen die Chancen, dass Ihr Veränderungsprojekt von Erfolg gekrönt wird (siehe Abb. 15.1).

Zusätzlich zu den oben genannten Tipps möchte ich Ihnen gerne ein weiteres Konzept aufzeigen und Sie dazu motivieren, dieses in Bezug auf Ihre eigene Organisation zu berücksichtigen.

## Die Veränderungskurve als Tool

Bedenken Sie die Veränderungskurve eines Individuums (siehe Abb. 15.2). Nach dem Schock folgen verschiedene Phasen, in denen z. B. ein:e Mitarbeiter:in diesen verarbeitet und die nach unterschiedlich

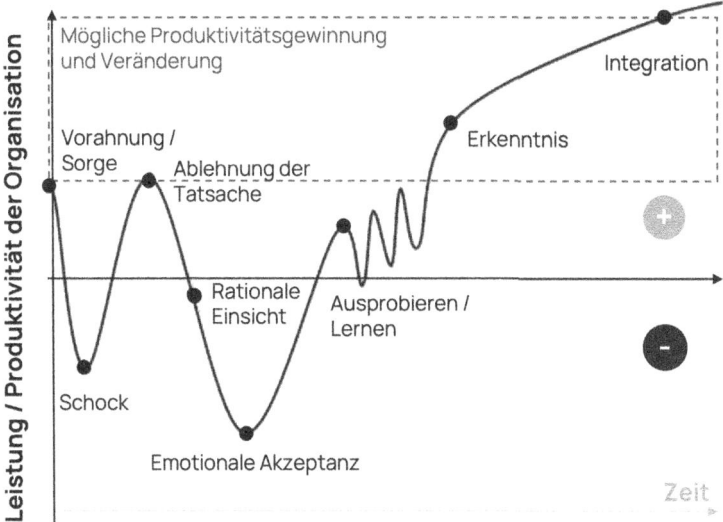

**Abb. 15.2** Veränderungskurve einer Organisation nach Kübler-Ross © CONU-FACTUR 2022. All Rights Reserved

langer Dauer im besten Fall in der Phase der Erkenntnis münden. Das Konzept ist weitestgehend bekannt und lässt sich hervorragend nutzen, um Change Management zu verstehen und aktiv zu unterstützen. Was weniger bekannt und genutzt wird, ist, dass die Summe alle individuellen Veränderungskurven und aktuellen Veränderungsphasen ein sehr gutes Abbild der Veränderungskurve einer gesamten Organisation ergibt. Stellen Sie sich einfach vor, Sie bilden alle Projekte in Ihrem Unternehmen einzeln in einer großen Veränderungskurve gemeinsam ab. Damit lassen sich die folgenden Datenpunkte erkennen und als Unternehmenslenker sehr gut nutzen. Beispielhaft einige Erkenntnisse, die sich aufzeigen lassen:

- An welchem Punkt der Kurve stehen die meisten meiner Mitarbeiter:innen?
- Welche:r Mitarbeiter:in braucht wie lange, um durch welche Phasen zu kommen; z. B. wer steckt noch im emotionalen Tal und warum?
- Welche Maßnahmen (z. B. Kommunikation) bieten sich basierend auf den persönlichen Einschätzungen der Mitarbeiter:innen an, um den Prozess anzuschieben?

- Schafft die Organisation ein weiteres Veränderungsprojekt oder entsteht Überlastung auf Unternehmensebene?
- Gewinnen wir an Leistung durch das Projekt oder ist es kontraproduktiv?
- Wie schnell sind wir in der Umsetzung von Veränderungsprojekten und wie häufig sind wir erfolgreich?

Eine konkrete vierstufige Vorgehensweise, um zu diesen Erkenntnissen für Ihre Organisation zu gelangen, sieht wie folgt aus:

1. Listen Sie alle aktuell laufenden Veränderungsprojekte auf. Vor allem die großen, multifunktionalen Initiativen sind interessant. Aber auch Projekte, die nur eine Funktion betreffen, dort allerdings eine große Veränderung als Ziel haben, sind relevant.
2. Sprechen Sie mit den jeweiligen Projektleiter:innen sowie den Bereichsverantwortlichen aus Ihrem Führungsteam (z. B. in einem gemeinsamen Workshop-Tag) und verorten Sie gemeinsam alle Projekte auf einer Organisations-Veränderungskurve. Relevante Parameter für die Unterscheidung der Projekte sind z. B.: Anzahl der betroffenen Mitarbeiter:innen, Dauer, Kosten, IT-Komplexität, Prozess-Komplexität, aktueller Fortschritt und Erfolgsaussichten usw.
3. Fügen Sie dann alle in den nächsten sechs bis zwölf Monaten anstehenden Veränderungsprojekte hinzu. Kennzeichnen Sie diese am besten deutlich, beispielsweise mit einer anderen Farbe.
4. Je nachdem, wie Ihr finales Bild der Kurve aussieht, sollten Sie im Anschluss reduzieren, priorisieren, optimieren oder zeitlich die aktuellen Projekte anpassen und neue bevorstehende Projekte einschätzen.

Konkrete Ergebnisse dieser Aufgabe können für Sie und Ihr Team – auf Organisationsebene – wie folgt aussehen:

- Klares Verständnis über die aktuelle Situation der „Veränderungsbelastung" Ihrer Mitarbeiter:innen
- Konkrete Maßnahmen zur Belastungsverringerung

- Detaillierte Einschätzung zu Veränderungsfähigkeiten und -geschwindigkeit
- Mögliche Upgrade-Potenziale auf prozessualer und Kommunikationsebene Ihres Change Managements

Zusammenfassend einige wichtige Anmerkungen zur Balance der Veränderungsaktivitäten: Für Geschäftsführer:innen und Veränderungsexperten ist es häufig schwierig zu unterscheiden, welche Widerstände inhaltlichen Bestand haben und welche als (un-)bewusste Argumentation genutzt werden, um in der Komfortzone zu bleiben – auf Team- als auch auf Mitarbeiterebene. Daher gilt die Empfehlung, alle Widerstandskräfte ernst zu nehmen, gut einzuschätzen und dann das Richtige für den Erfolg des Veränderungsprojekts zu wählen.

Außerdem bedeutet Veränderung niemals, dass alles neu gemacht werden muss. Erfolgreiche Unternehmenslenker:innen haben ein gutes Gespür dafür, welche Prozesse, Ressourcen oder Fähigkeiten bewahrt werden sollten. Dinge, die sich bewähren, sollten stets bewahrt werden. Aus vielerlei Gründen: der Wertschätzung der beteiligten Mitarbeiter:innen, der Gewinnung von Geschwindigkeit in der Umsetzung und selbstverständlich der Einsparung unnötiger Kosten.

# 16

# Psychologische Sicherheit

## Warum psychologische Sicherheit wichtig ist, erfolgreicher macht und wie man sie erreicht

Raphael Herkommer

Sie versuchen, die besten Voraussetzungen für Ihre Mitarbeiter:innen zu schaffen, und haben trotzdem das Gefühl, dass die Teams nicht ihre volle Leistung abrufen können? Mit diesem Gefühl befinden Sie sich in bester Gesellschaft. 2015 interessierte Google das gleiche Phänomen: Warum performen manche Teams besser als andere, obwohl sie nahezu identische Voraussetzungen haben? Aus dieser Frage entstand das Forschungsprojekt *„Aristotle" – Understanding team effectiveness* [1].

Google veröffentlichte schließlich die Ergebnisse ihrer zwei Jahre andauernden Forschung, bei der über 200 Interviews mit Mitarbeiter:innen weltweit durchgeführt wurden. Mehr als 250 Attribute von etwa 180 aktiven Teams wurden erfasst und ausgewertet. Dabei war es das erklärte Ziel der Studie herauszufinden, was ein gutes Team ausmacht und wie ein gutes Team zusammenarbeitet [6].

R. Herkommer (✉)
CONUFACTUR GmbH
München, Deutschland
E-Mail: rh@conufactur.com

D. B. Werner et al., *Nachhaltiges Wachstum im Mittelstand*,
https://doi.org/10.1007/978-3-658-38362-6_16

Einige der Ergebnisse sind alte Bekannte und werden bereits – mal besser, mal schlechter – in Unternehmen umgesetzt. Beispielsweise wurde bestätigt, dass klare Strukturen, Zuverlässigkeit von Leitung und Kolleg:innen sowie ein persönlicher Bezug zur Arbeit die Effektivität eines Teams steigern. Der wichtigste Faktor für die Effektivität von Teams und Organisationen ist aber wesentlich weniger bekannt. Oder haben Sie schon einmal von psychologischer Sicherheit (Psychological Safety) am Arbeitsplatz gehört? Google fand heraus, dass psychologische Sicherheit nicht nur eine weitere Variable, sondern die Voraussetzung für die erwähnten klaren Strukturen, die empfundene Zuverlässigkeit oder den persönlichen Bezug, den wir zur Arbeit herstellen, ist.

Amy Edmondson, eine Professorin für Führung an der Harvard Business School, veröffentlichte Ende 2018 ein Buch mit dem Titel: *The Fearless Organization – Creating Psychological Safety in the Workplace for Learning, Innovation and Growth*. Darin definiert sie psychologische Sicherheit am Arbeitsplatz als „das Wissen, dass man nicht bestraft oder gedemütigt wird, wenn man sich mit Fragen, Kommentaren, Bedenken oder Fehlern zu Wort meldet" (S. 15) [2]. Klingt erst mal selbstverständlich, doch werfen wir einen Blick auf die Realität.

## Die Wahrheit, die niemand ausspricht

Eine Umfrage des Deutschen Gewerkschaftsbunds (DGB) von 2019 zeigt, dass knapp jede:r zweite Mitarbeiter:in Angst vor dem Chef oder der Chefin hat. 44 % der Beschäftigten trauen sich nicht, Probleme bei ihrem Vorgesetzten anzusprechen. 30 % der unter 25-Jährigen erleben ein angstbesetztes Betriebsklima. In einem offenen Klima arbeiten nach eigenen Angaben nur 11 % [8]. Was sagt das über die psychologische Sicherheit in deutschen Unternehmen aus? Wenn die Belegschaft Angst hat, Fragen zu stellen, den Status quo zu kommentieren oder Ideen zu äußern? Was denken Sie, bedeutet das für Effektivität und Innovationskraft?

Wenn Sie effektive Teams aufbauen wollen, müssen Sie ein Umfeld schaffen, in dem es für Ihre Mitarbeiter:innen selbstverständlich ist, Fragen zu stellen, Ideen zu kreieren und Bedenken zu äußern. Angst vor Fehlern darf es nicht geben. In diesem Beitrag finden Sie drei Schritte, die beispielhaft zeigen, wie diese Art des Vertrauensaufbaus gelingen kann. Aufgrund der unterschiedlichen Arbeitswelten ist es jedoch immer ratsam, psychologische Expert:innen an Bord zu haben.

Dass sich die Arbeit an und mit der psychologischen Sicherheit lohnt, davon ist auch die Organisation Great Place to Work überzeugt. Deren Angaben zufolge arbeiten Teams mit hoher psychologischer Sicherheit bis zu zehnmal effektiver als Teams, die durch Anreizsysteme wie Boni oder Extra-Vergütung motiviert sind [4].

Mitglieder eines psychologisch sicheren Teams befinden sich dauerhaft in einem latenten Brainstorming-Zustand. Warum? Weil Ideen, Kritik und Fragen, egal wie unangenehm sie sind, immer erlaubt sind und „verkraftet" werden. Die Interaktionen sind dadurch schneller, produktiver, kreativer und unkomplizierter. Durch die „gesunde Reibung", die mit psychologisch sicherer, authentischer Kommunikation einhergeht, werden Produkte und Konzepte durchdachter und geschliffener. Da Scheitern nicht mehr mit Job-Verlust gleichgesetzt wird, wagt man sich weiter ins Unbekannte und findet neue unkonventionelle Wege.

# Was Sie tun können, um Ihre psychologische Sicherheit zu verbessern

Die Premiumvariante sind natürlich externe Psycholog:innen, welche die individuellen Team- und Organisationsdynamiken untersuchen und gemeinsam mit den Führungskräften und Teams verändern. Aber auch ohne externe Expertise sind Optimierungen möglich:

### Schritt 1 – Wer nicht fragt, bleibt dumm

Bereits morgen könnten Sie damit beginnen, Ihre Teammitglieder in passenden Situationen Folgendes zu fragen: „Angenommen, es gibt kein Best Practice, keine festgelegten Prozesse. Wie würdest Du das Thema lösen? Was bräuchtest Du dafür? Wie kann ich Dir dabei helfen?" Sie werden vielleicht feststellen, dass die Gefragten zu Beginn eher zurückhaltend (oder ängstlich) antworten. Hieran können Sie erkennen, wie psychologisch sicher sich diese Person fühlt.

Die Frage zu stellen ist nicht schwer. Jetzt kommt der entscheidende Teil: Liefern. Eruieren Sie, was die befragte Person braucht, finden Sie, wenn nötig, einen Kompromiss und unterstützen Sie die Person oder das Team in der eigenen Arbeitsweise. Schaffen Sie das, schaffen Sie Vertrauen. Aber Vorsicht, Check-ins à la „Und, wie läuft's, ihr habt doch jetzt alles, was ihr braucht?" untergraben das aufkeimende Vertrauen. Fragen Sie stattdessen eher, ob er oder sie mit der neuen Arbeitsweise zurechtkommt oder weiterer Optimierungsbedarf besteht.

## Schritt 2 – Auf Vertrauen bauen

Wenn das Vertrauen im Team durch Schritt 1 (o. ä. Maßnahmen) steigt, erkennt der:die aufmerksame Beobachter:in, dass generell mehr Fragen gestellt werden und Informationen bereitwilliger ausgetauscht werden. Das steigert indirekt auch die Kreativität. Vielleicht nehmen Sie sogar eine positive Veränderung im Wohlbefinden der Teammitglieder wahr. Jetzt können Sie auf das Vertrauen aufbauen, indem Sie dem Team selbstorganisatorische Aufgaben übertragen, z. B. den Dienst-/Schichtplan für den nächsten Monat selbst zu erstellen. So zeigen Sie, dass Sie deren Kompetenz vertrauen. Die gemeinschaftliche Arbeit an Themen, die das Team konkret betreffen, kann ebenfalls psychologisch sicheres Arbeiten fördern.

## Schritt 3 – „Fuck-up" Feedbacks

Diese Methode ist etwas für Fortgeschrittene. Ist Ihr Team auf einem guten „Safety-Level" angelangt, sollte es ermutigt werden, negative Feedbacks, Learnings und Blocker an die nächste Hierarchieebene weiterzugeben. Solche „Fuck-up" Sessions (siehe hierzu Kap. 19 Wachstumsbremse Silo-Denken) können die psychologische Sicherheit extrem verbessern, wenn sie richtig durchgeführt werden. Die Frequenz sollte zweimal im Quartal nicht überschreiten. In diesen Sessions sollte es immer um Kritik an der Sache (das Projekt, der Prozess, das Produkt, die Dienstleistung) gehen. „Fuck-up" Sessions sind offene Feedback-Runden, bei denen ein:e gewählte:r Teamvertreter:in oder das ganze Team anwesend ist. Wenn diese Sessions von den Vorgesetzten ernst genommen werden, eröffnen sich immense Potenziale.

Auf Organisationsseite können bspw. Strukturen und Prozesse entschlackt werden, Probleme werden frühzeitig erkannt oder alternative Lösungen sparen Geld. Auf Team-/Arbeitnehmerseite bedeutet eine derartige Möglichkeit des Austauschs absolute Wertschätzung, was ungemein motivierend wirkt. Aber auch hier gilt: Walk the talk! Wenn Sie derartige Feedbacks einrichten, müssen Sie die vielversprechendsten Vorschläge auch angehen. Dabei sollte das Team über Fort- und Rückschritte informiert werden. Denn werden diese Sessions angesetzt und nichts passiert, kann das der psychologischen Sicherheit sogar schaden.

## Psychologische Sicherheit gegen destruktive Stille

Während Sie sich mit den oben aufgeführten Schritten in Richtung psychologische Sicherheit bewegen, können Sie mit dem gleichen Wissen etwas spezifischer gegen ein Phänomen vorgehen, das viele kennen: unangenehme Stille in Meetings, Workshops, bei Events oder im Videocall mit mehreren Teilnehmer:innen. Was wir, aufgrund der Häufigkeit, als normal abtun und nicht selten aushalten, kann je nach Ausprägung zu einem Produktivitäts- und Innovationsblocker werden oder ganze Projekte und Unternehmungen gefährden. Ich möchte Ihnen im Folgenden nahebringen, wie Sie „normale Stille" von „destruktiver Stille" unterscheiden und wie Ihnen psychologische Sicherheit dabei hilft, sie zu überwinden.

### Wie man normale Stille von destruktiver Stille unterscheidet

Die *normale Stille* findet sich häufig bei Gruppen, in denen sich die Teilnehmer:innen relativ fremd sind. Psycholog:innen beschreiben derartige Situationen als *psychologisch unsicher*. Um dieser bekannten Dynamik gerecht zu werden, sind häufig Moderator:innen oder Hosts engagiert, die das gegenseitige Vertrauen schneller aufbauen und die Bildung von Beziehungen fördern sollen. In solchen Umgebungen ist Zurückhaltung oder Schweigen eher Regel als Ausnahme. Die Teilnehmer:innen möchten sich natürlicherweise vor dem Unbekannten schützen: „Wie stelle ich meine Frage richtig?", „Darf ich diese Person kritisieren?", „Wer ist das eigentlich?", „Ob sie mich richtig versteht?", „Soll ich jetzt schon einen Verbesserungsvorschlag anbringen?". Solche Gedanken dominieren in psychologisch unsicheren Situationen. In modularen Gruppen mit Fremden, wie z. B. bei Schulungen, Seminaren oder Events, ist das eine unbedenkliche Dynamik, die durch Moderation gut aufgefangen werden kann. Der:die Moderator:in fungiert als Vertrauens-Hub der Gruppe. Anstatt jedem:r Teilnehmer:in einzeln vertrauen zu müssen, vertraut man dem Host, er oder sie wiederum steuert, lenkt und rahmt die Interaktionen zwischen den Teilnehmer:innen.

Bei der *destruktiven Stille* sind die Gedankengänge sehr ähnlich, man versucht, sich vor Peinlichkeiten, Spott und Verurteilungen zu schützen. Destruktiv wird Stille durch das Umfeld, in dem sie auftritt. Bei der destruktiven Stille beschützen wir uns nicht mehr vor dem Unbekannten, sondern vor Kolleg:innen, Teamleiter:innen und Geschäftsführer:innen, mit denen wir täglich zusammenarbeiten – eben jenen Parteien, die eigentlich bewiesen haben sollten, dass ein Vertrauensverhältnis besteht. Gerade im Umfeld der Arbeit, in dem es laufend um Verbesserung, Wachstum und Veränderung geht, sollte das Äußern von neuen Ideen, Kritik und diversen Meinungen gewünscht und nicht mit Ängsten besetzt sein. Psychologische Unsicherheit in Settings mit Fremden ist natürlich, im Team wird sie zum Problem.

**Ein Beispiel aus der Hochrisiko-Industrie Luft- und Raumfahrt zur Verdeutlichung**

Am 16. Januar 2003 erlebte die Crew des Space Shuttles **Columbia** einen augenscheinlichen Bilderbuchstart. Während die Astronaut:innen im Orbit arbeiteten, schaute sich der NASA-Ingenieur Rodney Rocha auf der Erde immer und immer wieder die Videoaufnahmen des Starts an. Er glaubte, darauf ein Stück Isolierung zu erkennen, das sich beim Start löste und auf die Außenhülle des Shuttles prallte. Um sich jedoch sicher zu sein, brauchte er bessere Bilder, genauer Satellitenbilder vom Flügel der Columbia. Dafür musste er zuerst die Zustimmung eines hochrangigen NASA-Mitglieds einholen.

Er kontaktierte seinen Vorgesetzten und bat um Autorisierung. Sein Chef war der Meinung, es sei unnötig, und äußerte sich auch so gegenüber Rocha. Einige Tage später im Mission Management Meeting, bei dem Rochas Bedenken diskutiert werden sollten, konnte er sich nicht dazu äußern. Rocha rekapitulierte die Meeting-Situation in einem Interview mit ABC News „I just couldn't do it. I'm too low down in the organization and she [Mission Management Team Leader Linda Ham] is up here." [9].

Am 1. Februar 2003, als das NASA Spaceshuttle Columbia in die Erdatmosphäre eintrat, verglühten alle sieben Astronaut:innen an Bord. Ursache für die Tragödie war ein Stück der Isolation, welches beim Start auf den Flügel der Columbia prallte [5, 7].

## Wie psychologische Sicherheit gegen destruktive Stille hilft

Oftmals wird die Verantwortung für Zurückhaltung oder destruktive Stille ausschließlich bei den Führungskräften gesucht. Das Beispiel der Columbia zeigt aber, dass auch die Arbeitnehmer:innen lernen müssen, für ihre Überzeugungen, ihre Kritik und Ideen einzustehen. Die Aufgabe der Führungskräfte ist es, den Rahmen und das Vertrauen dafür aufzubauen. Sie müssen eine psychologisch sichere Arbeitsumgebung schaffen [3]. Es ist richtig, Führungskräfte gehen voran. Sie müssen wahrnehmen und unterscheiden, ob es eine produktive oder destruktive Stille ist, die sie erleben, und entsprechend reagieren.

Im Folgenden möchte ich einige Methoden vorschlagen, die vor allem Sie als Geschäftsführer:in oder Führungskraft anwenden können, um die Stille im Unternehmen zu einem produktiven Diskurs zu wandeln.

### Methode 1 – Selbstoffenbarung

Beginnen Sie in Meetings, über eigene Fehler oder Scheitern zu sprechen, erwähnen Sie es ebenso wie die Erreichung gesteckter Ziele. Erklären Sie, was Sie daraus gelernt haben, und fragen Sie nach Ratschlägen im Team. Die Mitarbeiter:innen und Kolleg:innen lernen so, sich nicht nur als Empfänger und Ausführende zu begreifen, sondern spüren die Wertschätzung der eigenen Kompetenz. Das gibt Selbstvertrauen und senkt stetig die Hürde, sich mit Ideen, Kritik und Vorschlägen einzubringen.

**Methode 2 – Challenger Meeting (monatlich, mindestens einmal im Quartal)**

Ermöglichen Sie Ihrem Team, sich auszusprechen, tun Sie dies nicht, verlagert sich Unausgesprochenes auf den „Flurfunk" und/oder schwelt vor sich hin bis zur Eskalation (Kündigungen, offener Widerstand, Grüppchenbildung). Beginnen Sie als Führungskraft das Meeting und sprechen Sie kurz über Dinge, die in der Organisation Ihrer Meinung nach schlecht laufen und was Sie dagegen unternehmen wollen. Im Anschluss sprechen Sie über positive Entwicklungen und was Sie persönlich daraus lernen. Danach sind die Teilnehmer:innen an der Reihe. Sollten Sie feststellen, dass wenig oder nur sehr oberflächlicher Input kommt, verbringen Sie noch etwas mehr Zeit mit Methode 1.

**Methode 3 – „Red Teams"**

Diese fortgeschrittene Methode eignet sich vor allem bei klar abgegrenzten und sehr wichtigen Projekten. Definieren Sie ein „Red Team" aus ca. drei Personen, deren Hauptaufgabe es ist, Schwachstellen und potenzielle Fehlerquellen in dem jeweiligen Projekt zu identifizieren. Sie arbeiten zusammmen mit dem eigentlichen Projektteam und helfen dabei, Fallstricke im Vorfeld zu erkennen und zu beseitigen. Bei der Berichterstattung wird über den Fortschritt des Projekts gesprochen, die gemeinsam mit dem Hauptteam aufgedeckten Hindernisse und wie man diese zu lösen plant. Wichtig ist, dass sich das Projektteam und das Red Team als ein Team versteht und die kontrollierende Funktion eher bei der Führungskraft liegt. So können Sie eine Spaltung des Teams verhindern und das Red Team wird als Hilfe anstatt als Bürde wahrgenommen.

**Methode 4 – Intuition**

Als Vorgesetzte:r haben Sie viel Erfahrung im Kontakt mit anderen: Kolleg:innen, Chef:innen, Auszubildenden, Kund:innen, Lieferant:innen, vielleicht sogar Kindern und Familie. Nutzen Sie diese Erfahrungen! Wenn Sie spüren, dass es Unausgesprochenes gibt, sprechen Sie es an! Wenn Sie Skepsis, Misstrauen, Orientierungslosigkeit, Überforderung, Widerstand, Zurückhaltung und Schweigen wahrnehmen – sprechen Sie es an. Vielleicht nicht direkt im Meeting, sondern zuerst mit einzelnen Personen, um mehr über die Situation zu erfahren. Erklären Sie, dass es wichtig ist, die Ursache für solche Dynamiken zu erfahren, da sich sonst nichts ändern kann. Zeigen und beweisen Sie, dass es Ihre Aufgabe ist, das Team zu bestmöglicher Leistung zu befähigen, und dass Sie ihr Bestes tun, um alles aufzulösen, was dem im Weg steht.

Wenn Sie es schaffen, dass sich die Kolleg:innen in Ihrem Umfeld psychologisch sicher und gleichzeitig angehalten fühlen, sich mitzuteilen, haben Sie zukünftig deutlich höhere Chancen, konstruktive Lösungen zu entwickeln, die alle weiterbringen. Natürlich braucht das Zeit, deswegen fangen Sie am besten heute damit an.

> **Aufgabe**
>
> Wenden Sie in Ihrem nächsten Meeting entweder „Schritt 1 – Wer nicht fragt, bleibt dumm" oder „Methode 1 – Selbstoffenbarung" an und lassen Sie sich überraschen, wie sich die Kommunikation verändert und was in Ihrem Team steckt!

# Literatur

1. Duhigg, C. (2016). What Google Learned From Its Quest to Build the Perfect Team. The New York Times Magazine. [online] https://www.nytimes.com/2016/02/28/magazine/what-google-learned-from-its-quest-to-build-the-perfect-team.html [zugegriffen am 28.09.2021]
2. Edmondson, A. (2018). The fearless organization – Creating Psychological Safety in the Workplace for Learning, Innovation and Growth. Hoboken, NJ: Wiley & Sons Inc.
3. Clark, T. R. (2020). The 4 stages of Psychological Safety – Defining the Path to Inclusion and Innovation. Oakland, CA: Berrett-Koehler Publishers.
4. Great Place To Work. (2020). Safe for work – Psychological Safety in the Workplace. Great Place To Work [Hrsg.]. [online] https://uk.greatplacetowork.co.uk/psychological-safety-data-insights-download [zugegriffen am 30.09.2021].
5. National Aeronautics and Space Administration. (2003). Columbia Accident Investigation Board: Report Vol. 1. Washington, D.C.U.S. Government Printing Office

6. Rework. .n.a. Understand team effectiveness. [online] https://rework.with-google.com/guides/understanding-team-effectiveness/steps/identify-dynamics-of-effective-teams/ [zugegriffen am 30.09.2021].

7. Roberto, M. A.; Edmondson, A. C.; Bohmer, R. J. (2004). Columbia's Final Mission. Case Study. HBS No. 304-090. Boston, MA: Harvard Business School Publishing.

8. Schmucker, R. (2019). Prima Klima? Wie die Beschäftigten die sozialen Beziehungen im Betrieb einschätzen, In: DGB-Index Gute Arbeit Kompakt. 01. S. 1-4.

9. Whitcraft, D.; Katz, D.; Day, T. (2003). Columbia: Final Mission, ABC Primetime. New York: ABC News.

# Teil V

Fähigkeiten

# 17

## Skill-Gap-Analyse

### Wie Sie den Skill Gap in Ihrem Unternehmen schließen können

Helen Kuhnle

Der Anforderungskatalog an neue und bestehende Mitarbeiter:innen wird aufgrund steigender Komplexität der Arbeitsrolle immer länger. Das passende Match für die eigenen Teams zu finden, stellt Geschäftsführer:innen und Teamleiter:innen vor Herausforderungen. Dabei ist vielen Unternehmer:innen noch nicht einmal bewusst, welche Fähigkeiten ihre Mitarbeiter:innen brauchen und welcher Skill Gap intern vorhanden ist. Gleichzeitig wissen eine Vielzahl an Unternehmen nicht, wie sie diese Lücke erkennen und überbrücken können. Dabei geht es auch um Hard Skills, jedoch gilt es, die Soft Skills nicht zu vernachlässigen. Oft werden entscheidende Zukunftskompetenzen außen vor gelassen. Anstatt darüber nachzudenken, welche Fähigkeiten vor allem in Zukunft essenziell sind, um das Unternehmenswachstum voranzutreiben, werden Stellen meist basierend auf den aktuell benötigten Skills ausgeschrieben. Als

H. Kuhnle (✉)
CONUFACTUR GmbH
München, Deutschland
E-Mail: hk@conufactur.com

© Der/die Autor(en), exklusiv lizenziert an Springer Fachmedien Wiesbaden GmbH, ein Teil von Springer Nature 2022
D. B. Werner et al., *Nachhaltiges Wachstum im Mittelstand*,
https://doi.org/10.1007/978-3-658-38362-6_17

wichtige Zukunftskompetenzen zählen vor allem digitale Kompetenzen, wie asynchrone Kommunikation und virtuelles Arbeiten, aber auch Kompetenzen im Veränderungskontext, wie beispielsweise Lernagilität, Anpassungsfähigkeit und Problemlösungskompetenz sind sehr gefragt. Bei Führungskräften besteht oft Entwicklungsbedarf bei der Frustrationstoleranz, der digitalen Anwendungskompetenz und der Konfliktfähigkeit.

Ein Großteil der Arbeitnehmer:innen berichtet bereits über fehlende Fähigkeiten. In diesem Zusammenhang wächst die Bedeutung von Corporate Learning und verlangt nach einem ganzheitlichen und strukturierten Ansatz. Das hängt auch damit zusammen, dass viele Unternehmen gar nicht wissen, was ihre Mitarbeiter:innen überhaupt können, was sie lernen wollen und in welchen Bereichen sie gerne arbeiten würden. Es gilt also, fehlende, aber auch bereits vorhanden Skills sichtbar zu machen. Ein geeignetes Tool hierfür ist eine Skill-Gap-Analyse.

Daher wird im Folgenden detailliert auf diese eingegangen. Mit diesem Wissen können Sie aktuell fehlende, aber auch zukünftig benötigte Skills und Themen zum Upskilling herausarbeiten. Gleichzeitig erleichtert es Ihnen, Ihre Stellenausschreibungen so zu optimieren, dass die benötigten Soft Skills in Ihrem Team ebenfalls deutlich werden.

## Die Vorteile einer Skill-Gap-Analyse

Starten möchte ich jedoch mit den Vorteilen einer Skill-Gap-Analyse. Anhand dieser sind Sie in der Lage:

- Stärken und Schwächen Ihrer Mitarbeiter:innen zu analysieren und sichtbar zu machen.
- den Schulungs- und Trainingsbedarf Ihrer Mitarbeiter:innen effektiv zu decken.
- unnötige Trainings zu vermeiden und Geld einzusparen.
- zu ermitteln, welchen Einstellungsbedarf Ihr Unternehmen aktuell hat und ob es sinnvoll ist, eine:n externe:n Expert:in ins Boot zu holen.
- Informationen darüber zu erhalten, wie weit Ihr Unternehmen von dem gewünschten Niveau und seinen Zielen entfernt ist.
- einen Schwerpunkt auf Basis der Ergebnisse zu setzen und einen konkreten Plan zu entwickeln.

* Talentmanagement-Maßnahmen zu fokussieren, um sich von der Konkurrenz abzuheben.
* die Fluktuationsrate zu reduzieren, indem Sie interne Weiterentwicklungen anbieten und individuelle Karrierepfade erstellen.

Eine gründliche Analyse der Skill-Defizite kann sich also in verschiedenen Bereichen positiv auf Ihr Unternehmen auswirken. Als Geschäftsführer:in profitieren Sie vor allem davon zu wissen, was Ihr Unternehmen eigentlich weiß. Dieses Know-how können Sie dann gezielt auf Ihr Unternehmen und Ihre Ziele abstimmen, um so langfristig nachhaltiges Wachstum zu ermöglichen.

Damit Sie von diesen Vorteilen profitieren können, sollten Sie die folgenden vier Phasen der Analyse beachten.

## So führen Sie die Skill-Gap-Analyse in Ihrem Unternehmen durch

Um Ihren Skill Gap im Unternehmen zu definieren, müssen Sie zunächst den Status quo Ihrer Mitarbeiter:innen und der gesamten Teams bestimmen. Dabei sind vier Phasen der Skill-Gap-Analyse zu durchlaufen:

1. Zunächst müssen Sie ein **Verständnis** darüber entwickeln, was Sie analysieren wollen. Geht es um das gesamte Team, Abteilungen oder nur Einzelpersonen? Welche Skills sollen abgefragt werden – Hard Skills, Soft Skills oder beides? Hier ist es hilfreich, eine Tabelle zu erstellen, die dann Aufschluss darüber gibt, wann eine Skill-Gap-Analyse stattfinden sollte und wer die Analyse durchführt. Um die Analyse klar strukturieren zu können, ist es zudem essenziell, dass Sie das Ausmaß der Analyse zu Beginn definieren.
2. Im zweiten Schritt, der **Identifikations**-Phase, entwickeln Sie eine Strategie für die kurz- und langfristigen Unternehmensziele. Basierend darauf werden die Fähigkeiten, die Ihr Unternehmen aktuell und in Zukunft braucht, definiert. Häufig helfen hierbei Anforderungsprofile für die Jobs auf verschiedenen Ebenen. Außerdem macht es Sinn, sich verschiedene Perspektiven einzuholen. Dazu gehören unter anderem Abteilungsleiter:innen, Geschäftsführer:innen und HR, aber auch ex-

terne Beratungen oder der Industrie-Benchmark. Anschließend ist es sinnvoll, über aufkommende Technologien in der Industrie zu brainstormen.

3. Schritt 3 beinhaltet die **Analyse** der bereits vorhandenen Daten, die Sie beispielsweise über LinkedIn, Lebensläufe oder Leistungsbeurteilungen gesammelt haben. Mittels Interviews, Umfragen und Skill-Assessments (beispielsweise anhand von Skill-Screening Software) können Sie diese Daten dann ergänzen. Um die Erkenntnisse auch übersichtlich und verständlich darzustellen, ist eine Visualisierung anhand einer Heat Map hilfreich.

Durch die Analyse erhalten Sie letztendlich Informationen zu den folgenden drei Fragen:

- Welche Fähigkeiten sind in meinem Team unterrepräsentiert?
- Wie weit ist mein Unternehmen von kompetenzbezogenen Zielen entfernt?
- In welche Positionen können sich meine Mitarbeiter:innen aufgrund ihrer aktuellen Fähigkeiten entwickeln?

4. Im letzten Schritt, dem **Aktionsplan**, definieren Sie die weitere Vorgehensweise und bestimmen entsprechende Maßnahmen. Dabei wird in zwei Kategorien unterschieden: zum einen in die Ausbildung aktueller Mitarbeiter:innen anhand von internen und formellen Schulungen. Zu den internen Schulungen zählen beispielsweise Online-Kurse oder Mentorenprogramme, während formelle Schulungen zertifizierte Programme beinhalten. Zum anderen die Rekrutierung neuer Mitarbeiter:innen. Hier ist es nötig, einen Einstellungsplan basierend auf den fehlenden Skills im Team zu erstellen. Um im nächsten Schritt sicherzustellen, dass potenzielle Bewerber:innen die fehlenden Skills mitbringen, ist es kritisch, sowohl harte als auch softe Skills in die Stellenbeschreibung zu integrieren und diese dann auch im späteren Gespräch abzufragen.

Doch wie genau könnte bzw. sollte das aussehen?

Häufig werden die Soft Skills in Stellenausschreibungen durch allgemeingültige und unkonkrete Anforderungen (z. B. Teamfähigkeit) beschrieben. Seien Sie hier möglichst genau. Bestimmen Sie zum

Beispiel die drei Top Soft Skills, die für diese Position unverzichtbar sind. Erklären Sie zusätzlich durch Beschreibungen, was genau Sie darunter verstehen und wie der oder die zukünftige Mitarbeiter:in die Fähigkeit konkret einsetzen soll.

Eine weitere Frage, die meistens außen vor gelassen wird, ist: Welche Skills brauchen Sie in zwei Jahren? Denn um das Wachstum Ihres Unternehmens nachhaltig zu fördern, ist die Betrachtung der Wachstumsperspektive essenziell. Bei der Formulierung der Stelle gilt es demnach, bereits darüber nachzudenken, welche Anforderung diese Position in zwei Jahren haben wird, welche zusätzlichen Skills benötigt werden und wie diese Skills erlernt werden können. Diese Transparenz und Vorausplanung sind sowohl für das Unternehmen als auch für die Bewerber:innen wertvoll und helfen dabei, die passenden Mitarbeiter:innen auszuwählen.

## Diese Tools unterstützen Sie bei der Umsetzung

Dieser Prozess, insbesondere die Analyse und der Aktionsplan, können durch verschiedene Unternehmen und deren Tools unterstützt werden. Dazu gehören unter anderem Cobrainer, TalentBoost, Skills Base und soft.fact.

### Cobrainer

Cobrainer[1] ist die weltweit führende KI-gesteuerte Skill-Plattform, die internes Recruiting, Upskilling und Talentmanagement schnell und einfach macht. Die einfache Software generiert Nutzerprofile und Vorschlagslisten in Sekundenschnelle und fördert gleichzeitig das Bewusstsein für die Expertise im Unternehmen. Ihre Recruiter:innen und Manager:innen können so skillbasiert und unvoreingenommen Entscheidungen treffen, und Ihre Mitarbeiter:innen erhalten einen transparenten Überblick über ihre Potenziale im Unternehmen. Das steigert die Effizienz und Zufriedenheit in Teams. Gleichzeitig unterstützt Co-

---

[1] https://de.cobrainer.com.

brainer Sie dabei, Ihre Belegschaft zum Katalysator für die Zukunft Ihres Unternehmens zu machen, indem die Skills Ihrer Mitarbeiter:innen gefördert und Trends stets im Blick behalten werden.

## TalentBoost

TalentBoost[2] konzentriert sich ausschließlich darauf, die besten Mitarbeiter:innen zu finden und zu halten. Dabei setzt TalentBoost auf eine hohe Geschwindigkeit im Recruiting-Prozess durch die Optimierung von Prozessen und Strukturen in den Bereichen Sourcing und Kontaktaufnahme, Bewerberbewertungen, Papierlose Angebote und Onboarding, Schulung und Einarbeitung vor der Einstellung, Video-Interviews, HR- und Backoffice-Verwaltung, Bewerberbetreuung und Kommunikation sowie Berichterstattung und Analyse. Im Bereich Personalentwicklung unterstützt TalentBoost Sie durch den Aufbau einer umfassenden, breit unterstützten und kosteneffizienten Lernumgebung, die kontinuierliches Lernen fördert. Gleichzeitig fördert TalentBoost die Erhöhung des Engagements Ihrer Mitarbeiter:innen, das nachweislich Einfluss auf die Produktivität Ihrer Organisation hat (siehe hierzu Kap. 20 Methoden und Mythen der Mitarbeitermotivation) und unterstützt Sie beim Performance Management in Ihrem Unternehmen. Im Rahmen der Talentoptimierung hilft Ihnen TalentBoost dabei, die in Ihren Personaldaten enthaltenen Erkenntnisse zu definieren, umzuwandeln und zu maximieren, um Botschaften Ihrer Unternehmensmarke zu definieren, Führungskräfte zu entwickeln und Führungsprozesse sowie die Erfahrungen von Bewerber:innen und Mitarbeiter:innen zu verbessern.

## Skills Base

Skills Base[3] ist eine ideale, dauerhafte Lösung für die Verwaltung der Kompetenzen in Ihrem Unternehmen. Die leistungsstarken Einblicke helfen Unternehmen bei der effektiven Erfassung von Daten zum Qualifikationsmanagement und bei der Erstellung von Berichten auf täglicher Basis. Skills Base unterstützt Ihre Geschäftsabläufe, indem es einen schnellen und flexiblen Zugang zu genauen Daten bietet, die bei der Entscheidungsfindung und den Geschäftsplanungsprozessen helfen. Sie er-

---

[2] https://www.talentboost.cloud.
[3] https://www.skills-base.com.

halten also die Möglichkeit, Ihre Kompetenzen zu identifizieren und ein Inventar Ihrer Fähigkeiten zu erstellen, Ihr Team zu bewerten, Daten zu visualisieren und in großem Umfang zu nutzen. Skills Base verwandelt Ihre Qualifikations- und Kompetenzdaten in aussagekräftige Erkenntnisse, die Ihnen bei der Personalplanung, Schulung, Fortbildung und Umschulung, dem Coaching, der Einstellung und vielem mehr helfen können. Gleichzeitig eignet sich Skills Base auch hervorragend für spezielle Projekte wie Unternehmensfusionen und Umstrukturierungen.

### soft.fact

soft.fact[4] analysiert und kombiniert Persönlichkeiten, Rollen, Werte und Arbeitsweisen von Menschen und hilft so Teams in Unternehmen, ihre Dynamik zu verstehen und bewusst zu verändern. Im Bereich Teamentwicklung erhält Ihr Unternehmen durch eine ausgeprägte Teamanalyse den Ist-Zustand eines Teams und gleichzeitig Handlungsempfehlungen, die direkt umgesetzt werden können. soft.fact bietet außerdem konkrete Übungen für zehn psychologische Potenziale, wie Motivation, Proaktivität und Vertrauen, die die Zusammenarbeit verbessern und die Teamzufriedenheit und Teamleistung fördern. soft.fact unterstützt Sie außerdem dabei, passende Kandidat:innen zu erkennen, und anhand fundierter Informationen aus der Analyse von Soft Facts und Motiv-Struktur zu entscheiden, welche Kandidat:innen zu Ihrem Unternehmen oder Team passen.

## So oft sollten Sie eine Skill-Gap-Analyse durchführen

Nachdem Sie nun die Vorteile, Vorgehensweise und Unternehmen bzw. Tools, die Sie dabei unterstützen können, kennengelernt haben, stellt sich zuletzt die Frage: Wie oft müssen Sie eine Skill-Gap-Analyse durchführen?

Skill-Gap-Analysen sollten auf Organisationsebene jährlich durchgeführt werden. Dies ist jedoch auch abhängig von Ereignissen im Unter-

---

[4] https://softfact.works.

nehmen. Finden Restrukturierungen, strategische Neuausrichtungen, Erweiterungen oder Einführungen von Geschäftsmodellen statt, sollte die Häufigkeit dementsprechend angepasst werden. Dabei müssen Sie jedoch nicht immer bei null angefangen. Vielmehr können Sie die bereits vorhandene Analyse als Basis nutzen und deren Daten überprüfen, anpassen sowie neue identifizierte Skills oder neue Mitarbeiter:innen hinzufügen. Auf Teamebene sollte dies sogar häufiger stattfinden: zweimal im Jahr oder sogar vierteljährlich, um Ihr Unternehmen über die Bereiche auf dem Laufenden zu halten, in denen die Mitarbeiter:innen mehr Schulungen benötigen. Je mehr Sie sich auf die kontinuierliche Weiterbildung Ihrer Mitarbeiter:innen konzentrieren, desto wertvoller werden diese für Ihr Unternehmen sein.

# 18

# Smartes Change Management
## Wie Sie Ihren Aufwand in Veränderungsprojekten minimieren können

Anja Sinz

Change Management und damit das Führen in Zeiten stetiger Veränderung ist vermutlich zur schwierigsten und am meisten präsenten Führungsaufgabe der heutigen Zeit geworden. Geschäftsführer:innen und Führungskräfte manövrieren ihre Teams von einer Veränderungsmaßnahme durch die nächste. Dabei sieht es nicht so aus, als würden Veränderungsdruck und Change-Zyklen in Zukunft abnehmen.

Das ist nicht nur zeitaufwendig, sondern auch energetisch extrem fordernd. Change Management konfrontiert Sie nicht nur mit strategischen und operativen Herausforderungen, sondern auch mit interpersonellen. Veränderungswiderstände, Demotivation und der Umgang mit Unsicherheit sind kräftezehrend. Zur wirklichen Mammutaufgabe wird es dann, wenn Sie nicht nur Ihre Teams, sondern auch sich selbst von der Veränderung überzeugen müssen.

A. Sinz (✉)
CONUFACTUR GmbH
München, Deutschland
E-Mail: message@conufactur.com

Haushalten Sie mit Ihrer Energie und Ihren Ressourcen und betreiben Sie smartes ChangeManagement, indem Sie sich mit der Ursache von Veränderungswiderständen und dem gekonnten Umgang damit auseinandersetzen. Dies erspart Ihnen nicht nur viel Zeit, sondern mit großer Sicherheit auch viel emotionalen Stress. Im Folgenden beleuchte ich Veränderungswiderstände aus neurowissenschaftlicher Perspektive und gebe Ihnen eine klare Anleitung dazu, wie Sie Ihre Mitarbeiter:innen sowohl rational als auch emotional von einer Veränderungsinitiative überzeugen können. Die Erkenntnisse münden in einen Fragenkatalog, den Sie gerne als Hilfestellung und Ausgangsbasis für Ihre anstehenden Change-Projekte nutzen können.

## Die Neurowissenschaft hinter Veränderungswiderständen: Das Elefanten-Reiter-Konzept

„Das funktioniert bei uns nicht", „Das haben wir schon immer so gemacht", „Das hat beim letzten Mal schon nicht geklappt" – kommen Ihnen diese Killerphrasen bekannt vor? Mitarbeiter:innen können äußerst kreativ und absolut werden, wenn es darum geht, Gründe gegen eine Veränderung zu finden. Warum ist das so? Ich nehme die Pointe vorweg: Menschen mögen keine Veränderung. Wir sind Gewohnheitstiere und meistern Veränderungen nur mit enormer Anstrengung. Das ist keine Schwarzmalerei, sondern Fakt und neurowissenschaftlich belegbar. Nun kann es gut sein, dass Sie berechtigterweise argumentieren, dass man nicht alle über einen Kamm scheren sollte, immerhin gibt es Mitarbeiter:innen, die sehr veränderungsoffen sind und Projekte diesbezüglich engagiert vorantreiben. Diese Aussage ist vollkommen richtig und lässt sich auch erklären. Hierzu ist es jedoch notwendig, die Ursache unserer Veränderungsscheu zu erörtern. Dafür werfen wir ein Blick in unser Gehirn und nutzen psychologische und neurowissenschaftliche Erkenntnisse.

Wer von Ihnen den Bestseller „Schnelles Denken, langsames Denken" von Daniel Kahneman gelesen hat, kann mit den in der Psychologie verwendeten Begrifflichkeiten „System 1" und „System 2" bereits etwas anfangen. Gemeint sind damit die beiden Entscheidungsfindungssysteme unseres Gehirns. Die Neurowissenschaftler sprechen hier vom Elefanten (System 1) und vom Reiter (System 2) und schaffen damit meiner Meinung nach eine perfekte Analogie. Psychologe Jonathan Haidt ist Urvater dieser Analogie, bekannt wurde das Konzept jedoch erst durch Chip und Dan Heath. Die Analogie besagt, dass wir zwei Entscheidungsfindungssysteme in unserem Gehirn haben: ein emotionales System (den Elefanten) und ein analytisches, rationales System (seinen Reiter). Der Reiter behält den Überblick und sieht den Weg vor sich, wohingegen der Elefant die notwendige Willenskraft und Power mitbringt [3].

Verorten lässt sich unser Elefant sehr vereinfacht ausgedrückt in unserem Hirnstamm. Er funktioniert schnell und mühelos und kann nur schwer mit Komplexität umgehen. Elefanten sind liebenswerte, kraftvolle, jedoch auch sture und träge Kreaturen. Häufig ist die erste, intuitive Reaktion auf etwas eine Elefanten-Entscheidung. Sie basiert auf Heuristiken und Glaubenssätzen, die wir früh in unserem Leben gelernt haben. Unser Reiter hingegen verortet sich grob im Frontalkortex. Seine Entscheidung ist kontrolliert, strategisch und damit langsam und mühevoll. Unser Reiter bildet sich im Laufe des Lebens aus und verkörpert ziemlich genau das, was wir als „growth mindset" beschreiben (siehe Abb. 18.1).

Wie denken Sie über etwas im Vergleich zu wie fühlen Sie sich dabei? Nehmen wir das Thema dieses Kapitels als Beispiel. Was denken Sie,

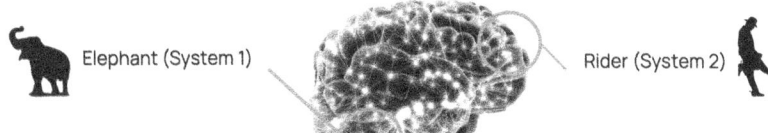

Elephant (System 1)

Rider (System 2)

- Emotionales System
- Schnell, automatisch, unbewusst, mühelos
- Glaubhaftigkeit durch Einfachheit
- Entscheidungsfindung basierend auf Grundüberzeugungen
- Heuristiken, die früh im Leben erlernt wurden

- Rationales System
- Langsam, kontrolliert, bewusst, mühevoll
- Glaubhaftigkeit durch Beweise
- Entscheidungsfindung basierend auf strategischem Mindset
- Entwickelt und verändert sich im Laufe des Lebens

**Abb. 18.1** Elefant und Reiter © CONUFACTUR 2022. All Rights Reserved

wenn Sie Change Management hören? Viele von Ihnen werden erfahrungsgemäß artikulieren, warum Veränderung wichtig ist. Dass wir in einer Zeit leben, in der wir uns keinen Stillstand leisten können, um wettbewerbsfähig zu bleiben. Und dass Veränderungen immer auch eine Chance auf persönliche Weiterentwicklung mit sich bringen. Doch was fühlen Sie dabei, wenn Sie Change Management hören? Je nachdem, wie ehrlich Sie nun zu sich selbst sind und welche Erfahrungen Sie gemacht haben, wird vermutlich ein Großteil deutlich negativer über Veränderungen sprechen und sagen, dass Change Management mühselig, fordernd und vermutlich auch nervig und überwältigend sein kann.

Wichtig ist zu verstehen: Wir alle haben beide Entscheidungsfindungssysteme in uns und befinden uns meistens im Elefanten-Status. Niemand agiert ausschließlich im Reiter-Status. Die spannende Frage ist, wie leicht es uns fällt, vom Elefanten zum Reiter zu wechseln. Und damit haben wir auch die Erklärung, wieso gewisse Personen veränderungsoffener sind als andere. Hier können Sie als Führungskraft enorm viel bewirken. Helfen Sie Ihren Mitarbeiter:innen immer wieder dabei, den Schalter umzulegen, und verschwenden Sie Ihre Energie nicht daran, mit einer Herde Elefanten zu kämpfen. Denn um nachhaltige Veränderung zu erzielen, müssen Sie immer beide Systeme aktivieren. Nur dann stellen Sie sicher, dass Sie mit der notwendigen Kraft (Elefant) in die richtige Richtung (Reiter) laufen.

## So überzeugen Sie Ihre Reiter

Beginnen wir damit, wie Sie Ihre Mitarbeiter:innen rational von Veränderungsinitiativen überzeugen können. Es gibt ein einfaches, rhetorisches Werkzeug, um überzeugende Reden vorzubereiten. Die sogenannten „Überzeugungsstile" gehen in ihrem Ursprung auf das Henley Management College zurück und wurden von der TWIST Consulting Group an die deutschen Besonderheiten angepasst [4]. Überzeugungsstile haben sich vor allem bei Krisenkommunikation, aber auch bei der Verkündung von relevanten Veränderungsmaßnahmen bewährt. Der entscheidende Faktor dabei ist, alle fünf Stilelemente in die eigene Rede zu integrieren.

Diese sind:

## 1. Fakten

Welche Daten und Fakten können Sie kommunizieren? Stellen Sie Hintergrundinformationen bereit und verdeutlichen Sie die Vor- und Nachteile in einer rational nachvollziehbaren Manier. Wichtig dabei sind die Belegbarkeit und vor allem die Verständlichkeit Ihrer Argumentation.

## 2. Zukunftsvision

Wie sieht die Idealwelt aus, sobald die Veränderung erfolgreich implementiert wurde? Wie fühlt es sich an und was ist der individuelle Vorteil für jeden Einzelnen? Achten Sie hier auf eine bildhafte und lebendige Sprache. Versuchen Sie, Ihren Adressaten ein positives Bild der Zukunft zu malen.

## 3. Druck

Als weiteres Stilmittel sollten Sie Druck in Ihre Rede einbauen. In erster Linie geht es hier um Veränderungsdruck und das Aufzeigen negativer Konsequenzen. Bitte nutzen Sie dieses Stilmittel dosiert und äußerst bedacht. Es gilt in jedem Fall zu vermeiden, eine Stimmung von Angst und Panik zu erzeugen. Wichtig ist ebenso, Druck aus der Sache heraus, nicht aus dem Status und der Person zu generieren.

## 4. Sympathie

Wir folgen und vertrauen Menschen, die uns sympathisch sind. Folglich sollten Sie darauf achten, sich in Ihrer Rede nahbar, authentisch und sympathisch zu präsentieren. Nutzen Sie Formulierungen wie „wir" und verdeutlichen Sie damit, dass alle an einem Strang ziehen.

## 5. Spielregeln

Erinnern Sie Ihre Mitarbeiter:innen an gemeinsame Werte, Normen und Abmachungen. Sollten Sie beispielsweise in Ihren Werten oder Prinzipien das Thema Offenheit für Neues, Veränderungsbereitschaft oder Ähnliches verankert haben, können Sie hierauf Bezug nehmen.

Nutzen Sie die fünf Überzeugungsstile für Ihre nächste Rede. Die Reihenfolge spielt dabei keine Rolle. Wichtig ist nur, dass Sie alle Elemente ausgewogen integrieren, gerne auch iterativ. Lassen Sie sich nicht verunsichern, sollten Ihnen zu einem Element ad hoc keine Argumente einfallen. Die notwendige Reflexionszeit ist hier gut investiert und erhöht die Wahrscheinlichkeit drastisch, dass Ihre Mitarbeiter:innen nach Ihrer Rede mit der nötigen Überzeugung hinter Ihnen stehen.

## So überzeugen Sie Ihre Elefanten

Die schwierigere Frage ist, wie Sie ihre Mitarbeiter:innen emotional von der Veränderungsinitiative überzeugen. An dieser Stelle scheitern die meisten Change Agents und Geschäftsführer:innen. Die Antwort finden wir, indem wir nochmals einen Blick in unser Gehirn werfen. Die talentierte australische Forschergruppe rund um Peter Burow (Neuropower®) hat sich mit den kognitiven Grundbedürfnissen unseres Gehirns befasst und jahrzehntelange Forschung zu dem einfach einprägsamen Akronym „RELISH" konsolidiert. Damit beantworten Sie die Frage, was es konkret braucht, um den besagten Schalter von Elefant auf Reiter zu stellen – sozusagen eine Bedürfnispyramide für unser Gehirn, damit es strategisch und rational überhaupt funktionieren kann (siehe Abb. 18.2). Die folgenden Ausführungen gehen zurück auf Burow und Burow et al. [1, 2].

### Relatedness – Das Bedürfnis nach Zugehörigkeit

Unser grundlegendstes kognitives Bedürfnis ist das Bedürfnis nach Zugehörigkeit. Wir wollen einen Mehrwert in einer Gruppe oder einem Team leisten und uns integriert fühlen. Neurowissenschaftler haben herausgefunden, dass bei sozialer Ausgrenzung ähnliche Hirnareale aktiv sind wie bei physischer Misshandlung und Schmerzen. Anders formuliert: Ihr Gehirn kennt kaum einen Unterschied zwischen sozialer Ausgrenzung und physischen Schlägen. Demnach sind wir getrieben, uns vor sozialer Ausgrenzung zu schützen. Tatsächlich ist dieser Wunsch nach Zugehörigkeit so präsent, dass wir den Großteil unseres Verhaltens danach auslegen.

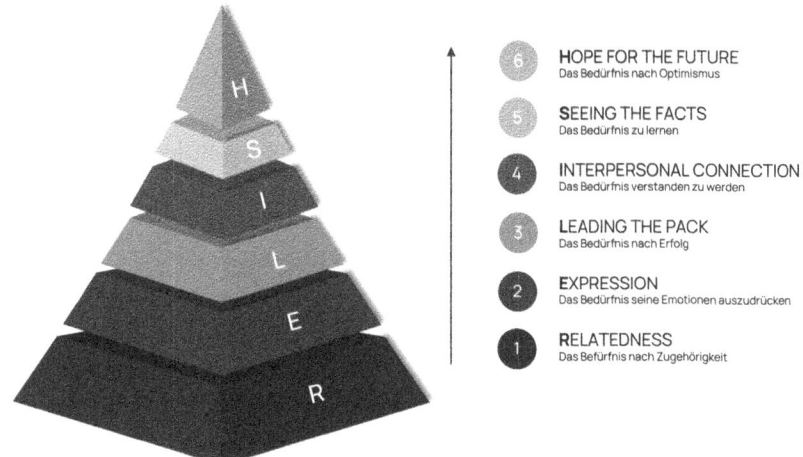

**Abb. 18.2** RELISH © CONUFACTUR 2022. All Rights Reserved

So schaffen Sie „Relatedness" im Change Management:

- Seien Sie klar über den Umfang der Veränderung und verdeutlichen Sie den Mehrwert für die Organisation und jeden Einzelnen.
- Verteilen und kommunizieren Sie klare Rollen für den Prozess. Jeder muss wissen, wie er sich konkret einbringen kann.

### Expression – Das Bedürfnis, seine Emotionen auszudrücken

Das zweite soziale kognitive Bedürfnis des Menschen ist der Ausdruck von Emotionen. Das Gehirn kann mit unterdrückten Emotionen nicht umgehen. Im Fachjargon sprechen wir hier von „Masking". Masking bedeutet, den wahren Gemütszustand zu überspielen. Wir geben zum Beispiel nach außen vor, alles sei okay, obwohl wir innerlich vor Wut oder Enttäuschung kochen. Sobald wir in diesem Modus sind, fließt unser Blut im Gehirn vom rationalen System (Reiter) zum emotionalen System (Elefant). Was dann passiert, kennen Sie vermutlich. Sie diskutieren mit Elefanten. Killerphrasen, „ja, aber" und emotional aufgeladenen Diskussionen dominieren. Drastischer formuliert: Wenn Sie Ihren Mitarbeiter:innen und sich selbst nicht die Gelegenheit geben, Emotionen zu artikulieren und Dampf abzulassen, verweigern Sie Ihnen und sich selbst die Möglichkeit zum rationalen Denken. Als Führungskraft ist es Ihre Pflicht und Ihr größter Hebel, diesen Rahmen zu schaffen und Ihr Team dabei zu unterstützen, Emotionen konstruktiv auszudrücken. Das bedeutet nicht, dass Sie dafür verantwortlich sind, dass es allen gut geht und sich dieser Emotionen annehmen müssen. Es geht lediglich um die Expression.

So schaffen Sie „Expression" im Change Management:

• Respektieren Sie alle Emotionen und unterdrücken Sie diese nicht. Spielen Sie als Führungskraft keine positiven Emotionen vor, die Sie nicht wahrhaftig verspüren. Teilen Sie stattdessen Ihre Erfahrung, mit solch negativen Emotionen konstruktiv umzugehen.
• Erschaffen Sie Möglichkeiten, Emotionen zu artikulieren und Feedback zu geben. Fragen Sie in einem Workshop beispielsweise ganz aktiv nach, wie es Ihren Mitarbeiter:innen mit der Ankündigung einer Veränderungsmaßnahme geht. Notieren Sie alle Emotionen auf einem Flipchart und ermutigen Sie zur Ehrlichkeit. Fragen Sie im Anschluss, welche Emotionen Ihre Mitarbeiter:innen stattdessen gerne verspüren würden, und notieren Sie diese positiven Emotionen auf einem weiteren Flipchart. Schließen Sie in einem dritten Schritt die Lücke, indem Sie gemeinsam erarbeiten, was Sie konkret unternehmen können, um von Ist zu Soll zu kommen. Damit geben Sie die Möglichkeit zur Expression und schaffen einen kontrollierbaren Rahmen für negative Emotionen und ein lösungsorientiertes Mindset.

**Leading the Pack – Das Bedürfnis nach Erfolg**
Leading the Pack oder zu Deutsch „das Rudel anführen" beschreibt das dritte soziale Bedürfnis der Menschen. Unser Gehirn ist kompetitiv veranlagt und strebt nach Erfolg, auch wenn das viele von uns im ersten Moment verneinen würden. Bei positivem Feedback, Erfolgserlebnissen oder Gewinnen setzt unser Gehirn Dopamin und Adrenalin frei. Wir fühlen uns großartig und glücklich in diesen Momenten. Als Erster bei einem Marathon ins Ziel zu laufen, ein überragendes und authentisches Feedback des Vorgesetzten oder Standing Ovations des Publikums bei

einer Performance – all das sind Momente, in denen Ihr Körper durch-flutet wird von Neurotransmittern. Jede:r von uns möchte mindestens eine Disziplin oder Eigenschaft in seinem:ihrem Leben haben, in der er:sie sich als kompetent und überdurchschnittlich gut erlebt. Deshalb ist es wichtig, dass jedes Teammitglied die Möglichkeit hat, in einer be-stimmten Sache besonders gut performen zu können. Stellen Sie sich als Führungskraft die Frage, wie Sie diese Erfolgserlebnisse Ihren Mitarbei-ter:innen ermöglichen können.

So schaffen Sie „Leading the Pack" im Change Management:

* Setzen Sie klare Team-Ziele, die nur durch den Beitrag jedes Einzelnen erreicht werden können, und verdeutlichen Sie Ihren Mitarbeiter:innen deren individuellen Beitrag zur Zielerreichung.
* Kreieren Sie Meilensteine, die in kurzer Zeit erreicht werden können, und feiern Sie diese. Setzen Sie außerdem verstärkt auf soziale Anerkennung und positives Feedback.

**Interpersonal Connection – Das Bedürfnis, verstanden zu werden**
Das vierte sozial-kognitive Bedürfnis ist die zwischenmenschliche Ver-bindung. Wenn wir uns mit einer anderen Person verbunden fühlen, setzt unser Gehirn den neurochemischen Stoff Oxytocin frei. Dieser re-duziert unser negatives Denken und fördert stattdessen Großzügigkeit, Wohlwollen und Loyalität. Sollten Sie selbst schon einmal ein Kind zur Welt gebracht haben oder als Vater die Geburt begleitet haben, kennen Sie vermutlich das Gefühl eines Oxytocin-Rausches. Vor allem die frisch-gebackenen Mütter schütten diesen Botenstoff bei der Geburt in hohen Mengen aus. Höllische Schmerzen, die verhältnismäßig schnell vergessen werden und von einer unbeschreiblichen Bindung und Liebe zum eige-nen Kind überlagert werden, sind Oxytocin-Resultate. Auch im Business-Kontext ist das Gefühl der Zusammengehörigkeit ein entscheidender Faktor für effektive Teamarbeit. Empathische Teams, die eine starke zwischenmenschliche Bindung zueinander aufgebaut haben, führen ef-fektivere Diskussionen, integrieren verschiedene Meinungen, haben we-niger Konflikte und sind innovativer.

So schaffen Sie „Interpersonal Connection" im Change Management:

* Sprechen Sie regelmäßig mit Ihren Mitarbeiter:innen und betreiben Sie aktiv Beziehungsmanagement, indem Sie auch private Details teilen.
* Ermutigen Sie Ihr Team zur gegenseitigen Unterstützung und stärken Sie die persönliche Beziehung zu jedem Einzelnen.
* Investieren Sie in Teambuilding-Maßnahmen.

**Seeing the Facts – Das Bedürfnis zu lernen**
Unser Gehirn ist eine Feedback-suchende Maschine. Wir suchen zu jeder Zeit nach Fakten und Hinweisen, die unser Handeln und unsere Aktionen mit einer Bedeutung versehen und rechtfertigen. Wir versuchen, zukünftige Ereignisse abzuschätzen und vorherzusagen, um unser Handeln darauf abzustimmen und Risiken zu minimieren. In vielen Teams haben wir dieses tief liegende Bedürfnis nach regelmäßigem, rechtzeitigem und relevantem Feedback aus den Augen verloren. Stattdessen denken wir häufig in Silos und halten Informationen bewusst und unbewusst zurück. Konzentrieren Sie sich als Führungskraft darauf, eine reibungslose Kommunikation sowie einen transparenten Informationsfluss sicherzustellen.

So schaffen Sie „Interpersonal Connection" im Change Management:

* Teilen Sie zu jeder Zeit alle wichtigen Informationen und geben Sie regelmäßiges Feedback.
* Zeigen Sie Fortschritte auf.

**Hope for the Future – Das Bedürfnis nach Optimismus**
Das sechste sozial-kognitive Bedürfnis des Menschen ist die Hoffnung für eine positive Zukunft. Sofern Sie die fünf vorangehenden Bedürfnisse befriedigen, können Sie davon ausgehen, dass Optimismus in Ihren Mitarbeiter:innen automatisch folgt. Fördern Sie diesen Optimismus durch eine effektive Visualisierung. Wir glauben, was wir sehen. Malen Sie deshalb eine Vision, die jede:r Ihrer Mitarbeiter:innen vor dem inneren Auge sehen und nachempfinden kann. Nutzen Sie hierzu Storytelling und rhetorische Hilfsmittel.

So schaffen Sie „Hope for the Future" im Change Management

- Helfen Sie Ihren Mitarbeiter:innen, die Perspektive zu bewahren, und malen Sie eine gemeinsame Vision, hinter der sich Ihr Team verbünden kann.

RELISH ist der Schlüssel für erfolgreiche Veränderung und Ihr Zugang zu den Reitern Ihrer Mitarbeiter:innen. Sie haben damit einen klaren Fahrplan für smartes Change Management an der Hand. Starten Sie jede Veränderungsinitiative damit, bei allen Beteiligten das Bedürfnis nach Zugehörigkeit zu befriedigen. Bevor Sie das nicht gewährleisten können, werden Ihre weiteren Bemühungen stets im Sande verlaufen. Erst dann klettern Sie in der Bedürfnispyramide eine Stufe weiter nach oben.

---

**Reflexionsaufgabe**

Denken Sie an eine Veränderungsmaßnahme, die Ihrer Meinung nach gescheitert ist, und nutzen Sie RELISH als Reflexionsgrundlage. An welcher Stelle wurden die Mitarbeiter:innen übergangen? Welches Bedürfnis/welche Bedürfnisse wurden nicht befriedigt?

---

# Die relevanten Fragen für ein Change-Projekt

Bisher haben wir in erster Linie die menschlichen Herausforderungen im Zusammenhang mit Change Management beleuchtet. Zu kurz kamen strategische und operative Überlegungen, die für den Erfolg von Veränderungsmaßnahmen relevant sind. Im Folgenden sollen beide Perspektiven kombiniert und in Form von 20 relevanten Fragen abgebildet werden. Nutzen Sie diese gerne als Hilfestellung und Ausgangsbasis für jedes anstehende Change-Projekt.

1. Was ist das übergeordnete Ziel?
2. Was sind wichtige Meilensteine der Initiative?

3. Welche Vorteile ergeben sich mit der Veränderung?
4. Mit welchen Herausforderungen werden Sie konfrontiert werden und wie planen Sie damit umzugehen?
5. Welche Fakten erzeugen Veränderungsdruck?
6. Welche Vision können Sie malen?
7. Wie gewinnen Sie die Sympathie der Beteiligten?
8. Was ist bewahrenswert und soll beibehalten werden?
9. Wer sind Ihre Befürworter:innen? Wie können Sie diese unterstützen?
10. Wer sind Ihre Skeptiker:innen? Wie planen Sie mit diesen umzugehen?
11. Wie können Sie Verbündete generieren?
12. Wie können Sie die Veränderung begehrenswert machen?
13. Wie konkret sieht Ihr Kommunikationsplan aus?
14. Wie werden Sie selbst zum Vorbild?
15. Wie stellen Sie sicher, dass sich alle zugehörig fühlen?
16. Wie ermöglichen Sie, dass alle Ihre Emotionen artikulieren?
17. Wie können Sie Erfolgserlebnisse und Quick Wins generieren?
18. Welche Möglichkeiten haben Sie, die zwischenmenschliche Beziehung untereinander zu fördern?
19. Wie und wann planen Sie Feedback zu geben?
20. Wie messen Sie den Erfolg der Veränderungsmaßnahme?

# Literatur

1. Burow, P. (2013). NeuroPower: Leading with NeuroIntelligence. 3rd Edition. Copernicus Publishing Pty Ltd. Melbourne. S. 845.
2. Burow, P.; Slade, P.; Byrne, A.; Harris, Z. (2016). Behavioral Economics for Business. 2nd Edition. Peter Burow. Columbia. S. 150.
3. Haidt, J. (2006). The Happiness Hypothesis. 1st Basic Books. Print
4. Wabel, C. (2009). Schlechte Nachrichten überzeugend „verkaufen". Wirtschaft und Weiterbildung. 02. S. 42–43. [online] https://www.haufe.de/download/wirtschaft-weiterbildung-ausgabe-22009-wirtschaft-weiterbildung-117962.pdf [zugegriffen am 19.09.2021].

# 19

## Wachstumsbremse Silo-Denken
### Wie Sie bei Bereichsegoismus gegensteuern können

Anja Sinz

Die Silo-Mentalität ist in vielen mittleren und großen Firmen zum festen Bestandteil geworden. Sie ist teuer und hat erfolgskritische Auswirkungen in der heutigen Arbeitswelt.

Hören Sie selbst des Öfteren eine der folgenden Aussagen?

* „Dafür bin ich nicht zuständig."
* „Wir können hier nicht weitermachen, weil wir noch auf Rückmeldung von Abteilung X warten."
* „Bei uns im Team läuft das super, bei den anderen weiß ich es nicht – da bekomme ich nicht viel mit."
* „Dafür haben wir bei uns in der Abteilung kein Budget."

A. Sinz (✉)
CONUFACTUR GmbH
München, Deutschland
E-Mail: message@conufactur.com

Oder kommen Ihnen die folgenden Verhaltensweisen bekannt vor?

- Abteilungen geben Informationen oft nur auf Rückfrage weiter.
- Ihre Teams durchmischen sich auch bei den Mittagspausen kaum.
- Prozesse werden nicht zu Ende gedacht, und das Verständnis für den Informationsbedarf und die Abläufe anderer Abteilungen fehlt.
- Es gibt kleinere und größere Machtkämpfe zwischen Mitarbeiter:innen und Teams.

Dann dürfen Sie davon ausgehen, dass der Bereichsegoismus auch in Ihrem Unternehmen präsent ist und Sie in erfolgreichem Wachstum hemmt. Die beruhigende Nachricht ist, dass Sie nicht allein damit sind. Die noch bessere Nachricht ist, Sie können aktiv etwas dagegen unternehmen und ich zeige Ihnen im Folgenden, wie. Zuvor erläutere ich jedoch, was Silo-Denken überhaupt ist und welche Effekte damit einhergehen.

## Was Silo-Denken ist und welche Effekte damit einhergehen

Die Silo-Mentalität beschreibt die fehlende Bereitschaft, Informationen und Wissen zwischen Mitarbeiter:innen oder zwischen verschiedenen Abteilungen innerhalb eines Unternehmens auszutauschen.

Mohapeloa untersuchte in ihrer Studie 2017, ob und wie sich Silo-Denken innerhalb der Organisation auf die Kernelemente des Geschäftsmodells auswirkt. Orientiert am Business Model Canvas konnte sie zeigen, dass negative Effekte nicht nur für Einzelpersonen und Teams nachweisbar sind [3]. Ebenso leiden Produktentwicklung, Wertversprechen und Kundenbeziehung darunter. Der Bereichsegoismus führt uns zu Engpässen, Konflikten, Zielverfehlung und hindert uns an Innovation. Kurz: Silo-Denken ist ein echter Wachstumskiller und zerstört jegliche Wertschöpfung des Unternehmens [1].

Die Silo-Mentalität ist kein Zufallsprodukt. Wie so häufig wird auch sie oftmals top-down vorgegeben. Als Ergebnis eines konfliktreichen Führungsteams ziehen sich abteilungsübergreifende Revierkämpfe unreflektiert bis in die letzte Hierarchieebene. Abteilung A und Abteilung B liegen schon seit Jahrzehnten im Clinch miteinander. Warum, weiß schlussendlich niemand mehr genau. Wirklich offen gestritten wird nicht.

Man munkelt, die beiden Abteilungsleiter:innen hätten sich noch nie gut verstanden, und dieses Muster wird unbewusst fortgeführt. So oder so ähnlich beginnt Silo-Denken in den Köpfen der Mitarbeiter:innen. Aus diesem Grund sollten Sie in einem ersten Schritt Ihre Aufmerksamkeit auf die Führungskultur und potenzielle Konflikte in Ihrem Führungsteam richten. Bevor diese nicht gelöst sind, werden Sie auch kein Cross-Silo Leadership wirksam umsetzen können. Erst im zweiten Schritt empfehle ich Ihnen, den Blick auf die Mitarbeiter:innen zu richten.

Um Cross-Silo Leadership zu betreiben und Kollaboration zu fördern, sollten Sie drei Ebenen berücksichtigen: Fähigkeiten, Haltung und Prozesse. Nur das Zusammenspiel aller drei Faktoren ermöglicht Ihnen eine nachhaltige und effektive Kulturveränderung.

Das klingt mühsam – ist es auch. Kulturveränderung bedarf des Mutes, der Ausdauer und Beständigkeit. Dennoch ist sie möglich, Schritt für Schritt. Das Ergebnis wird sich in jeglicher Hinsicht lohnen. Im Folgenden stelle ich Ihnen Maßnahmen vor, die Sie bereits ab morgen anwenden können, und beantworte damit die Frage, wie Sie bereichsübergreifende Kommunikation fördern können.

## Cross-Silo-Maßnahmen, die Sie als Führungskraft umsetzen können

**1. Schulen Sie sich und Ihre Teams auf den Skills, die für Kollaboration wichtig sind**
Kommunikation will gelernt und vor allem geübt sein. Zeigen Sie Ihrem Team, wie aktives Zuhören und offenes Fragenstellen funktionieren. Geben Sie ebenfalls eine konkrete und leicht anwendbare Feedback-Technik (zum Beispiel WWW-Feedback oder SBIW-Feedback) mit an die Hand und üben Sie gemeinsam, Feedback zu geben und anzunehmen.

**2. Stellen Sie die richtigen Personen ein und nutzen Sie individuelle Fähigkeiten**
Überlegen Sie sich gut, wie Sie Ihre Mannschaft aufstellen möchten. Ein durchdachtes Recruiting erleichtert Ihnen die Cross-Funktionalität. Stellen Sie hierzu Personen mit diversem Hintergrund (funktional und kulturell) ein, die den zwischenmenschlichen Austausch suchen und die

Kommunikation anstoßen. Achten Sie im Speziellen auf eine wachstumsorientierte Haltung. Getreu dem Motto „Hire for attitude, train for
skills" profitieren Sie von Mitarbeiter:innen, die nach Herausforderungen
und Lernerfahrung streben.

Identifizieren Sie außerdem Ihre „Cultural Broker" und fördern Sie
diese. Cultural Broker sind nach Edmondson et al. Menschen, die sich
durch die Zusammenarbeit an Schnittstellen auszeichnen [1]. Im Deutschen würden wir diese vermutlich als relevante Schlüsselspieler be-
zeichnen. Diese Mitarbeiter:innen verfügen in der Regel über Erfahrungen und Beziehungen, die sich über mehrere Bereiche oder
Funktionen erstrecken, und dienen informell als Bindeglied zwischen
ihnen. In Studien mit mehr als 2000 globalen Teams hat Jang (2018) [2]
herausgefunden, dass diverse Teams mit einem Cultural Broker signifikant besser abschneiden als diverse Teams ohne einen solchen.

---

**Reflexionsaufgabe**

Wer sind Ihre Cultural Broker und wie können Sie diese konkret unterstützen?

---

**3. Schaffen und kommunizieren Sie eine einheitliche Vision**
Es ist unbedingt erforderlich, dass Ihr Führungsteam einer gemeinsamen
und einheitlichen Vision für das Unternehmen zustimmt. Ein gemeinschaftlich gelebtes Führungsverständnis wird in Führungskräfteent-
wicklungsprogrammen gefördert und verbessert. Dazu zählt z. B. der
Aufbau von Vertrauen, Eigenverantwortung und Kollaboration auf allen
Ebenen. Investieren Sie in diese Entwicklung.

Kommunizieren Sie außerdem Ihre strategischen Entscheidungen,
Unternehmensziele und Initiativen transparent und zeitgleich an die gesamte Belegschaft. Überlegen Sie sich hierfür einen geeigneten Rahmen.
Sogenannte Townhall Meetings bieten sich hierfür an. In den unternehmensweiten Ansprachen verkünden Sie wichtige Informationen und
die Mitarbeiter:innen haben die Möglichkeit, Fragen zu stellen. Fördern
Sie die Transparenz gerne auch durch weitere Initiativen wie beispielsweise einen internen Newsletter. Damit steuern Sie aktiv den Informationsfluss und lösen sich von internem Gemauschel und Falschinformationen.

**4. Fördern Sie den persönlichen Austausch und das Zusammengehörigkeitsgefühl zwischen den Mitarbeiter:innen und Abteilungen**
Unterstützen Sie Ihre Mitarbeiter:innen darin, sich auch mit bislang unbekannten Kolleg:innen auszutauschen. Vor allem in Zeiten von Homeoffice und Remote Work sollten Sie den informellen Austausch fördern (siehe hierzu Kap. 8 Arbeiten im Homeoffice). Erfahrungen zeigen, dass die meisten Mitarbeiter:innen sich nicht überwinden möchten, Kolleg:innen mit wenigen Schnittstellen zu einer gemeinsamen Pause zu bitten. Das ist menschlich und wenig verwunderlich. Sie können diese Hemmschwelle spielerisch überwinden, indem Sie firmenweite Kaffee- oder Lunch Roulettes organisieren. Alle Mitarbeiter:innen tragen sich in einem digitalen Pool ein und werden per Zufall einander zugewiesen und zu einer gemeinsamen Mittagspause eingeladen. Online finden Sie einige Tools, die Ihnen hier die Zufallsauslosung erleichtern (z. B. Lunchroulette.co; Workdate; MysteryLunch). Ernennen Sie beispielsweise den Mittwoch zum „Lunch-Roulette-Tag" und profitieren Sie von dem abteilungsübergreifenden Austausch.

Davon losgelöst empfehle ich Ihnen, in ein firmenweites Teambuilding zu investieren. Denkbar sind abteilungsübergreifende Planspiele, die je nach Zielgruppe auch digital (z. B. in Form von Augmented Reality) unterstützt werden können. Der Kreativität sind hier keine Grenzen gesetzt. Aktivieren Sie gerne auch Ihre Mitarbeiter:innen und lassen Sie sich konkrete Vorschläge und Ideen unterbreiten.

**5. Seien Sie Vorbild**
Wie bereits in der Einleitung angesprochen, ist Silo-Denken kein Zufallsprodukt, sondern zumeist die Imitation der vorherrschenden Führungskultur. Gehen Sie deshalb in Vorleistung. Stellen Sie viele Fragen, integrieren Sie unterschiedliche Sichtweisen, kommunizieren Sie eigenes Nichtwissen. Zeigen Sie Ihren Mitarbeiter:innen auch, wie aktives Networking funktioniert, und verdeutlichen Sie dessen Wichtigkeit. Erzählen Sie beispielsweise von Ihrem Austausch mit einer anderen Abteilung oder einem Wettbewerber und belohnen Sie Eigenverantwortung.

**6. Schaffen Sie Möglichkeiten zur cross-funktionalen Zusammen-
arbeit und fördern Sie abteilungsübergreifende Kommunikation**
Identifizieren Sie gemeinsam mit Ihren Mitarbeiter:innen relevante
Schnittstellen in Ihrem Unternehmen und organisieren Sie einen regel-
mäßigen und strukturierten Austausch zwischen diesen. Wechselnde
Moderationsrollen helfen, die Eigenverantwortung zu fördern.

Womöglich können Ihnen auch Retrospektiven und „Fuck-up" Sessions dabei helfen, die Fehler- und Feedback-Kultur zu fördern – egal, ob
als Retrospektive nach einem Produktlaunch bzw. Projektabschluss oder
als „Fuck-up" Session, die dafür vorgesehen ist, über begangene Fehler
und Probleme der Zusammenarbeit zu sprechen. Meetings dieser Art helfen Ihren Mitarbeiter:innen, ein Bewusstsein für den Gesamtprozess zu
entwickeln und gemeinsam Lösungen zu erarbeiten. Unterbinden Sie die
„Suche nach Schuldigen" und achten Sie dabei auf eine lockere Atmosphäre, sodass das Kommunizieren von Fehlern und konstruktivem
Feedback mit positiven Emotionen verknüpft wird.

---

**Exkurs: So gestalten Sie eine erfolgreiche „Fuck-up"Session**
*Was auf den ersten Blick destruktiv klingen mag, hat eine besonders positive
und öffnende Wirkung. „Fuck-up" Sessions sind eigens dafür konzipiert,
über die „Fuck-ups" und Fehler der vergangenen Monate zu sprechen.
Dabei motivieren Sie Ihr Team dazu, Dampf abzulassen und auszusprechen,
was den Teammitgliedern so richtig auf die Nerven geht. Sie geben negativen Emotionen damit einen vorgesehenen Rahmen und können diese gezielt moderieren. Darüber hinaus erfahren Sie mehr über den Gemütszustand Ihrer Mitarbeiter:innen, normalisieren das Sprechen über Fehler
und entdecken womöglich Prozessfehler, die sich auf mehrere Mitglieder
auswirken. Damit das eintritt, sollten Sie einen möglichst informellen und
angenehmen Rahmen schaffen. Die Stimmung soll positiv, ausgelassen und
psychologische Sicherheit in jedem Fall gewährleistet sein (siehe hierzu
Kap. 16 Psychologische Sicherheit). Beginnen Sie idealerweise selbst mit
Ihren größten „Fuck-ups" und lassen Sie jedes Teammitglied in einer Blitz-
lichtrunde zu Wort kommen. Diskutieren Sie im Anschluss in der Gruppe
darüber, auf welche „Fuck-ups" Sie als Team Einfluss nehmen können. Was
muss passieren, damit diese Fehler nicht mehr passieren oder gewisse Themen mehr Spaß machen? Können besonders mühsame Themen untereinander aufgeteilt werden? Kommunizieren Sie auch offen, welche Themen außerhalb Ihres Einflusses liegen.*

**7. Setzen Sie unterstützende Tools ein**

Lassen Sie sich von den passenden Programmen und Tools bei der Kollaboration unterstützen. Um nur einige als Inspiration zu nennen: Slack, Asana, Bitrix, Google Keep, Google Docs, GoToMeeting, Trello, Microsoft Teams, bonfire etc. All diese Programme unterstützen die horizontale Kommunikation und den transparenten Informationsfluss.

# Literatur

1. Edmondson, A., Casciaro, T. & Jang, S. (2019) "Cross-Silo Leadership". Harvard Business Review 97, no. 3 (May–June 2019): 130–139.
2. Jang, S. (2018)."The Most Creative Teams Have a Specific Type of Cultural Diversity". Harvard Business Review 7, no. 24 (July 2019): 2–4.
3. Mohapeloa, T. (2017). Effects of silo mentality on corporate ITC's business model. Proceedings of the International Conference on Business Excellence. 11. https://doi.org/10.1515/picbe-2017-0105.

# 20

# Methoden und Mythen der Mitarbeitermotivation

## Wie Sie sich selbst und Ihre Mitarbeiter:innen motivieren

Anja Sinz

Engagierte und hoch motivierte Mitarbeiter:innen sind der Schlüssel zum Erfolg Ihres Unternehmens und der Traum einer jeden Führungskraft. Es gibt Belege, dass hoch engagierte Mitarbeiter:innen um 17 % produktiver sind als weniger engagierte. Ebenso übertreffen Unternehmen mit einer hoch engagierten Belegschaft ihre Wettbewerber sogar um 88 % Gewinn pro Aktie [3, 7]. Wenn Mitarbeitermotivation also in erhöhte Produktivität und Profitabilität mündet, lautet die eigentlich spannende Frage: Wie motiviere ich mich selbst und meine Mitarbeiter:innen intrinsisch?

Um dies zu beantworten, widmet sich dieses Kapitel den psychologischen Voraussetzungen für das Entstehen von intrinsischer Motivation und gibt Einblicke in individuelle Motivationsstrukturen. Sie erhalten dadurch eine Reflexionsgrundlage zur Erarbeitung effektiver Motivationsstrategien für sich selbst und Ihre Mitarbeiter:innen. In einem ersten Schritt werden hierfür zunächst zwei weitverbreitete Motivationsmythen aufgeklärt.

A. Sinz (✉)
CONUFACTUR GmbH
München, Deutschland
E-Mail: message@conufactur.com

© Der/die Autor(en), exklusiv lizenziert an Springer Fachmedien Wiesbaden GmbH, ein Teil von Springer Nature 2022
D. B. Werner et al., *Nachhaltiges Wachstum im Mittelstand*,
https://doi.org/10.1007/978-3-658-38362-6_20

**Motivationsmythos 1: Belohnungen haben immer einen positiven Effekt auf die Motivation**

Ein weitverbreitetes Missverständnis ist, dass eine Belohnung immer eine motivierende Wirkung hat. Tatsächlich kann Lob oder ein anderer externer Anreiz auch den gegenteiligen Effekt haben und die intrinsische Motivation sogar verringern. Was paradox erscheinen mag, wird in Fachkreisen als Korrumpierungseffekt beschrieben. Die ursprünglich intrinsische Motivation wird von einer extrinsischen verdrängt. Belohnen Sie eine Person für eine Tätigkeit, die sie intrinsisch ausführt, kann es sein, dass das ursprünglich gerne und freiwillig gezeigte Verhalten zurückgeht, sobald der Anreiz wieder entzogen wird. Intrinsische Motivation erkennen Sie an der Leidenschaft und Beständigkeit, mit der sich Ihre Mitarbeiter:innen einem Thema widmen. Sie befinden sich im sogenannten „Flow", vergessen also Zeit und Raum um sich herum und können sich schnell und einfach auf die Aufgabe konzentrieren.

**Motivationsmythos 2: Eine Person, die intrinsisch motiviert ist, braucht keine externen Anreize wie eine hohe Vergütung**

Auch bei dieser Aussage handelt es sich um einen Mythos. Intrinsische und extrinsische Motivation wirken nebeneinander. Eine Person kann intrinsisch motiviert sein für ihren Job und zeitgleich nur mit den passenden externen Anreizen volle Zufriedenheit verspüren. Das mag im ersten Moment ein Widerspruch zum Korrumpierungseffekt sein. Dieser tritt jedoch nur auf, wenn die Person keine externen Anreize für eine Tätigkeit erwartet. In diesem Fall würde das bedeuten, Ihre Mitarbeiter:innen erwarten keine Bezahlung für ihre Arbeit. Und Sie wissen selbst, dass das nicht der Fall ist. Veranschaulicht wird dies durch die Zwei-Faktoren-Theorie nach Frederick Herzberg [4] (siehe Abb. 20.1). Die Erfüllung von Motivatoren in Kombination mit der Nicht-Erfüllung von Hygienefaktoren führt zwar nicht zur Unzufriedenheit, jedoch auch nicht zur Zufriedenheit. Stattdessen befinden wir uns hier im Stadium „Keine Zufriedenheit".

| | Motivatoren erfüllt | Motivatoren nicht erfüllt |
|---|---|---|
| **Hygienefaktoren erfüllt** | Zufriedenheit | Keine Unzufriedenheit |
| **Hygienefaktoren nicht erfüllt** | Keine Zufriedenheit | Unzufriedenheit |

**Abb. 20.1**  Zwei-Faktoren-Theorie nach Frederick Herzberg

# Die psychologischen Grundbedürfnisse intrinsischer Motivation

Deci und Ryan legen 1993 [2] einen wichtigen Meilenstein der Motivationsforschung. Im Rahmen ihrer Selbstbestimmungstheorie unterscheiden die beiden erstmals zwischen intrinsischer und extrinsischer Motivation und erforschen Voraussetzungen für das Entstehen der intrinsischen Motivation. Laut den Forschungsergebnissen gilt es, folgende vier psychologische Grundbedürfnisse zu befriedigen:

**1. Kompetenzerleben**
Menschen haben den Wunsch, in einer Sache besser zu werden, die für sie von Bedeutung ist. Menschen wollen sich erproben und als kompetent erleben.

**2. Autonomieerleben**
Menschen wollen selbstbestimmt agieren und eigenverantwortlich handeln.

**3. Soziale Eingebundenheit**
Menschen wollen das Gefühl der Zugehörigkeit spüren und sich in einer Gruppe inkludiert fühlen.

Daniel Pink [6] ergänzt in seinem Autonomy, Mastery, Purpose Framework diese Erkenntnisse um ein weiteres psychologisches Grundbedürfnis:

**4. Purpose**
Menschen streben danach, den Sinn ihres Handelns zu verstehen und für einen „größeren" Zweck einzusetzen.

Um also die eigenen Mitarbeiter:innen intrinsisch zu motivieren, müssen Sie als Führungskraft sicherstellen, dass Sie die vier oben erläuterten Grundbedürfnisse zeitgleich erfüllen können. Stellen Sie sich die Frage, mit welchen konkreten Maßnahmen Sie beispielsweise die soziale Eingebundenheit oder das Kompetenzerleben erhöhen können. Die Liste an möglichen Methoden ist endlos und funktioniert vor allem in der Summe gut. Hier einige Inspirationsbeispiele:

- Eine angemessene Aufgabenkomplexität sowie gezielte Weiterbildungsmöglichkeiten erhöhen das Kompetenzerleben.
- Individuelle Zielentwicklungspläne erhöhen das Autonomieerleben.
- Teamentwicklungsmaßnahmen oder rollierende Lunch Roulettes erhöhen das Gefühl sozialer Eingebundenheit.
- Das partizipative Erarbeiten einer Unternehmensvision bedient das Bedürfnis nach Purpose.

Intrinsische Motivation ist das Resultat aus der zeitgleichen Erfüllung aller vier psychologischen Grundbedürfnisse. Implementieren Sie daher keine Einzelmaßnahmen, die Sie nicht in diesen Zusammenhang einordnen können. Reflektieren Sie stattdessen überlegt, welche Bedürfnisse in Ihrem Unternehmenskontext zu kurz kommen und wie Sie dagegensteuern können.

## Persönliche Motivationsstrukturen als Hebel für unternehmerische Zufriedenheit

Wie Klinger und Cox [1] in ihrem „Handbook of Motivational Counseling" definieren, ist eine Motivationsstruktur das individuelle Muster des Zielstrebens einer Person und eine wichtige Determinante für das Wohlbefinden, die Selbstregulation und das Gefühl, dass das eigene Leben sinnvoll ist.

Wir sprechen von einem Muster teils bewusster, teils unbewusster Antreiber, die uns zu Höchstleistung motivieren können, selbst unter belastenden Umständen. Diese Muster formen sich in frühen, prägenden Interaktionsprozessen und begleiten uns meist unser gesamtes Leben. Umso eher Ihre persönliche Motivationsstruktur dem Purpose Ihres Unternehmens oder der Aufgabenstruktur Ihres Berufs entspricht, umso mehr inneren Antrieb verspüren Sie oder Ihre Mitarbeiter:innen. Ähnlich wie mit stabilen Persönlichkeitsmerkmalen geht es auch hier darum, diese Antreiber zu erkennen und zu nutzen, statt sie abzulegen.

---

**Ein Coaching-Beispiel zur Veranschaulichung**

Wir sprechen über Torsten (fiktiver Name). Torsten ist Mitte 30 und Gründer eines Start-ups, welches Software-Produkte konzipiert, die mithilfe von künstlicher Intelligenz Produktionsprozesse in der Automobilindustrie optimieren. Torsten hat trotz früher Unternehmensphase bereits die ersten zahlenden Kund:innen, zahlreiche Venture-Capital-Angebote und interessierte Investoren. Objektiv betrachtet geht seine Idee vollkommen auf und sein Unternehmen ist auf Erfolgskurs. Dennoch fühlt sich Torsten antriebslos, geplagt von Selbstzweifeln und Schlaflosigkeit. Bei einer ausführlichen Erarbeitung seiner persönlichen Motivationsstruktur erklärt sich das Paradox. Torsten ist von dem Wunsch durchdrungen, benachteiligten Menschen zu helfen. In seiner frühen Kindheit hat er durch diese Hilfsbereitschaft viel Anerkennung und positive Rückmeldung erfahren. Seither hat sich dieses Muster eingebrannt. Der Weg, den er mit seinem Unternehmen einschlug, bietet keinerlei sozialen Aspekt.
   Als Torsten das erkannt hat, versucht er, sein geschäftliches Know-how (Prozessoptimierung durch KI) mit seiner Motivationsstruktur (Menschen in Not helfen) in Einklang zu bringen, und ändert daraufhin seine Kern-Zielgruppe. Anstelle von Automobilherstellern spezialisiert er sich nun auf die Bedürfnisse von Prothesenherstellern und nutzt seine Software für deren Prozesse. Er hat im Nachgang nie wieder ähnliche Selbstzweifel und Ängste in Bezug auf sein Unternehmen.

---

# Persönliche Motivationsstrukturen identifizieren mit dem Antreiber-Modell

Ein sehr einfaches, dennoch anschauliches und vielseitig einsetzbares Modell, welches diese Motivationsstrukturen aufgreift, ist das Antreiber-Modell von Taibi Kahler [5]. Kahler entwickelte das Modell 1974 auf

Basis der Transaktionsanalyse. Darin beschreibt er fünf unterschiedliche Konzepte (Antreiber), denen Personen insbesondere in problematischen Situationen oder unter Stress quasi programmiert folgen, weil sie sich in ihrer bisherigen Lebensgeschichte als hilfreich oder sinnvoll erwiesen haben. Wie der Name bereits verrät, geben diese Konzepte uns einen inneren Antrieb und sind damit eine wichtige Quelle für unsere intrinsische Motivation. Jeder Antreiber enthält eine Reihe von positiven Eigenschaften. Zum Problem werden sie erst, wenn wir keine alternativen Optionen ausbilden und sich der Mechanismus als Allzweckmittel unabhängig vom Kontext verselbstständigt.

### 1. „Sei perfekt"-Antreiber

Menschen mit dem „Sei perfekt"-Antreiber stehen unter Druck, alles gründlich und perfekt machen zu wollen. Sie bemühen sich um Perfektion – ohne Rücksicht auf Zeitaufwand und Kosten. Perfektionisten haben in ihrem frühen Leben Anerkennung durch eine fehlerfreie Leistung erfahren, zum Beispiel durch sehr gute Schulnoten. Diese unbewusste Motivationsstruktur zieht sich weiter und motiviert sie zu geduldiger Detailarbeit und hohem Qualitätsstandard. Sie rechtfertigen sich häufig und nehmen mögliche Kritikpunkte und Ergänzungen an ihrer Arbeit vorweg. Menschen mit dem „Sei perfekt"-Antreiber sollten sich selbst daran erinnern, dass auch sie Fehler machen dürfen oder in gewissen Situationen die 80:20-Regel greift.

### 2. „Sei stark"-Antreiber

„Sei stark"-Personen sind Einzelkämpfer und leben davon, Dinge allein zu schaffen. Sie können andere nur schlecht um Hilfe bitten und wollen sich von niemandem abhängig machen. Sie halten ihre Gefühle stets unter Kontrolle und lassen andere nur schwer an sich heran. Nach außen wirken sie oft hart und unnahbar. Häufig bilden Personen diesen Antreiber aus, die in ihrem Leben früh gelernt haben, auf eigenen Beinen zu stehen und sich mit sich selbst zu beschäftigen. Als besonders positiv hervorzuheben sind die Durchsetzungsstärke und Sicherheit, die diese Personen ausstrahlen. „Sei stark"-Typen dürfen sich dennoch häufiger daran erinnern, dass auch sie Schwäche und Gefühle zeigen und andere Menschen um Hilfe bitten dürfen.

**3. „Mach es allen recht"-Antreiber**

Der dritte Antreiber beschreibt eine „Mach es allen recht"-Mentalität. Menschen mit diesem Antreiber fühlen sich dafür verantwortlich, dass andere sich wohlfühlen, und stellen ihre eigenen Bedürfnisse oftmals hinten an. Sie befürchten Ablehnung, wenn sie „Nein" sagen, und haben ein großes Harmoniebedürfnis. Sie erwarten dieselbe Rücksichtnahme von anderen, trauen sich jedoch nicht, ihre eigenen Wünsche klar und deutlich auszusprechen. „Mach es allen recht"-Typen integrieren sich optimal in Teams und zeigen eine hohe soziale Kompetenz und Hilfsbereitschaft. Sie sind empathisch und kompromissbereit. Dennoch sollten sie lernen, „Nein" zu sagen und auch ihre eigenen Bedürfnisse zu kommunizieren.

**4. „Streng dich an"-Antreiber**

Der „Streng dich an"-Mensch zeichnet sich durch Pflichtbewusstsein, Fleiß und Einsatz aus. Improvisation fällt ihm schwer. Er steht unter Leistungsdruck. Erfolge, die nicht auf Anstrengungen basieren, sind wertlos. „Ohne Fleiß kein Preis" ist ein typischer Glaubenssatz dieses Antreibers. Daher bemüht er sich ständig und erwartet das auch von anderen. Aufgeben ist für diese Person keine Alternative. Es entsteht eine Atmosphäre von Anstrengung und Erfolgszweifeln. Zu den Stärken des „Streng dich an"-Typen zählen die hohe Disziplin und Ausdauer, gepaart mit Vielseitigkeit und Durchhaltevermögen. Dennoch sollten diese Menschen lernen, auf ihre eigenen Fähigkeiten zu vertrauen und auch schnelle und leichte Erfolge zu schätzen.

**5. „Mach schnell"-Antreiber**

Der letzte Antreiber bemüht sich um Schnelligkeit und Dynamik. Mit einer „Mach schnell"-Attitüde eilt dieser Typus im Dauerlauf durch sein Leben. Er ist voller Dynamik und Hektik. Ruhiges und konzentriertes Arbeiten fällt ihm ebenso schwer wie langwierige und detailreiche Aufgaben. „Mach schnell"-Menschen haben ein unfassbar hohes Energielevel und bewältigen ein enormes Arbeitspensum in kurzer Zeit. Sie verlieren nie den Überblick, sollten sich jedoch hin und wieder daran erinnern, dass sie sich auch entspannen dürfen und gewisse Aufgaben ihre Zeit kosten dürfen.

Um sich selbst und Ihre Mitarbeiter:innen individuell motivieren zu können, müssen Sie natürlich wissen, was die vorherrschenden inneren Antreiber in Ihrem Team und bei sich selbst sind. Nehmen Sie sich also gerne ein paar Minuten Zeit für die unten stehende Reflexionsaufgabe.

**Reflexionsaufgabe**

1. Mit welchen beiden Antreibern können Sie sich identifizieren? Überlegen Sie, in welchen Situationen Sie von Ihren Antreibern profitieren und in welchen Situationen Ihnen diese eher im Weg stehen. Wie können Sie damit umgehen, und was kann Ihnen konkret dabei helfen, Ihren Antreiber in ungünstigen Situationen einzudämmen?
2. Reflektieren Sie im Anschluss die Antreiber Ihrer Teammitglieder. Wie ist die Verteilung und was für Rückschlüsse ziehen Sie daraus für Ihren Recruiting-Prozess und die Aufgabenverteilung? Wie können Sie die einzelnen Personen basierend auf deren Antreibern motivieren und was bedeutet das konkret für Ihren Führungsstil?

# Literatur

1. Cox, W. M. & Klinger, E. (2011). Handbook of Motivational Counseling: Concepts, Approaches, and Assessment. Chichester: John Wiley & Sons
2. Deci, L. & Ryan, R. M. (1933). Die Selbstbestimmungstheorie der Motivation und ihre Bedeutung für die Pädagogik Zeitschrift für Pädagogik 39:2, S. 223–238
3. Gallup, Inc. (2017). State of the American Workplace. [online] https://www.gallup.com/workplace/238085/state-american-workplace-report-2017.aspx [zugegriffen am 16.09.2021].
4. Herzberg, F., Mausner, B., Snyderman, B. (1959). The Motivation to Work. New York, NY: Wiley
5. Kahler, T. (1974). The Miniscript. In: Transactional Analysis Journal, 4:1 Januar, S. 26.42.
6. Pink, D. H. (2009). Drive: the surprising truth about what motivates us. New York, NY: Riverhead Books.
7. Sorenson, S. (2013). How Employee Engagement drives Growth. Gallup. [online] https://www.gallup.com/workplace/236927/employee-engagement-drives-growth.aspx [zugegriffen am 16-09.2021]

# Stichwortverzeichnis

© Der/die Herausgeber bzw. der/die Autor(en), exklusiv lizenziert an Springer
Fachmedien Wiesbaden GmbH, ein Teil von Springer Nature 2022
D. B. Werner et al., *Nachhaltiges Wachstum im Mittelstand*,
https://doi.org/10.1007/978-3-658-38362-6

The manufacturer's authorised representative in the EU is Springer
Nature Customer Service Centre GmbH, Europaplatz 3, 69115 Heidelberg,
Germany. If you have any concerns regarding our products, please
contact ProductSafety@springernature.com

Printed and bound by CPI Group (UK) Ltd, Croydon, CR0 4YY

24/04/2026

02096341-0008